Marco Aurélio Lima

MERCADO DE VIZINHANÇA

COMO FAZER A GESTÃO DA MINHA LOJA

Volume 1
2023

Copyright ©2023 by Poligrafia Editora
Todos os direitos reservados.
Este livro não pode ser reproduzido sem autorização.

MERCADO DO VIZINHANÇA
Como fazer a gestão da minha loja
ISBN 978-85-67962-23-8

Autor: **Marco Aurélio Lima**
Coordenação Editorial: **Marlucy Lukianocenko**
Organização de Conteúdo: **Denise Turco**
Projeto Gráfico e Diagramação: **Cida Rocha**
Revisão: **Fátima Caroline P. de A. Ribeiro**

Dados Internacionais de Catalogação na Publicação (CIP)
(Câmara Brasileira do Livro, SP, Brasil)

Lima, Marco Aurélio
  Mercado de vizinhança : como fazer a gestão da minha loja : volume 1 / Marco Aurélio Lima ; organização Denise Turco. -- Cotia, SP : Poligrafia Editora, 2023.

  ISBN 978-85-67962-23-8

  1. Empreendedorismo 2. Gestão de negócios 3. Supermercados 4. Varejo - Empresas - Administração I. Turco, Denise. II. Título.

23-151796   CDD-658.87

Índices para catálogo sistemático:

1. Lojas de varejo : Administração mercadológica
   658.87

Tábata Alves da Silva - Bibliotecária - CRB-8/9253

Poligrafia Editora
www.poligrafiaeditora.com.br
E-mail: poligrafia@poligrafiaeditora.com.br
Rua Maceió, 43 - Cotia - São Paulo
Fone: 11 4243-1431 / 11 99159-2673

A editora não se responsabiliza pelo conteúdo da obra,
formulada exclusivamente pelo autor.

"Não julgues nada pela pequenez dos começos. Uma vez fizeram-me notar que não se distinguem pelo tamanho as sementes que darão ervas anuais das que vão produzir árvores centenárias".

(Caminho, Ponto 820,
São Josemaría Escrivá)

Para minha querida esposa, Izabel, e meus filhos, Pedro, João Paulo, Tiago, André e Mateus, sem quem nada valeria a pena.

Deo omnis gloria!

Agradeço a todos os que ajudaram a tornar este livro possível. São tantos, que faltaria espaço para nomear cada um.

Porém, um agradecimento especial ao time da GfK, com quem trabalhei e pude aprender muito ao longo de tantos anos, à Shopping Brasil, que apoiou a publicação deste primeiro volume, e a todos os varejistas de vizinhança que dedicaram suas horas para responder ou apoiar as pesquisas que realizamos.

São esses comerciantes que fazem nosso País crescer!

PREFÁCIO

Quando o Marco Lima me convidou para escrever esse prefácio, minha motivação maior foi gerar curiosidade entre os leitores. Curiosidade não apenas para a coleção fantástica de livros que o Marco decidiu escrever, com assuntos tão relevantes para o gestor do pequeno varejo, mas também sobre o que está acontecendo no Brasil, e como o varejo de vizinhança pode seguir tendo um papel relevante no futuro.

Começo relembrando a semana de 15 de março de 2020, quando todos nos demos conta que a atividade de comprar envolvia muita logística. Até esse dia, apesar de sabermos que precisávamos pegar ônibus, bicicleta ou carro para fazer as compras, não tínhamos um foco especial nisso, porque era algo que considerávamos como parte natural do processo.

Porém naquela semana, com as restrições do deslocamento impostas, percebemos a importância do acesso aos locais de compra. Alguns dias depois, começamos a sentir os efeitos de sair para comprar algo e o produto não estar na gôndola, ou pior ainda, a loja estar fechada. O varejo de vizinhança assumiu um papel heroico no esforço de manter os lares abastecidos, reduzindo um pouco do estresse causado por tantas outras incertezas daquele momento.

Logo em seguida, outras pressões apareceram, como a possibilidade de se comprar virtualmente e de se receber os produtos em casa. O processo de compra do brasileiro se transformou de maneira definitiva, com o WhatsApp e as intrépidas bicicletas dos aplicativos de entrega.

Nesse momento, um imenso desafio de posicionamento estratégico apareceu na vida dos donos e gestores de mercados de vizinhança, já que a conveniência de "correr lá na lojinha da esquina para comprar" se converteu em "abrir o aplicativo e comprar em 2 ou 3 cliques, recebendo em casa". É claro que, como bons empreendedores que são, as pequenas lojas se reinventaram e abriram comunicação por WhatsApp ou SMS, além de se associarem a aplicativos de entrega ou agregarem serviço próprio de entregas.

Mas a transformação continuou e, em base às informações que conseguiram dos compradores do pequeno varejo, os aplicativos começaram a buscar comerciantes que aceitassem funcionar como "dark stores". Essas "lojas" tinham uma missão clara: disponibilizar o mix de produtos mais comprado em uma determinada vizinhança, para que os entregadores pudessem atender aos pedidos dos aplicativos o mais rápido possível. Uma tremenda conveniência para os compradores, outra provável ameaça para o modelo do mercado de vizinhança.

Alguns meses mais e a concorrência se intensifica e transforma pois até as grandes redes de supermercado também decidem investir mais no formato. Isto altera a forma de pensar a concorrência, já que a confiança que a loja do bairro traz é agora desafiada por grandes marcas, as quais entregam uma sensação similar de conforto no processo de compra.

Mas dando sequência à conjuntura, peço calma, porque não acabou.... surgem novas formas de se abastecer. O Atacarejo cresceu, em função do momento econômico desafiador, se transformando em uma alternativa a Atacados e Distribuidores. Algumas entidades de classes desenvolveram projetos de "marketplaces" próprios, e não menos importantes, apareceram os "desintermediadores", empresas que decidiram se posicionar entre a indústria e o pequeno varejo, ou ainda entre o atacado e a loja de vizinhança, funcionando como um centro de cotação e compra para as pequenas lojas.

Após avaliar tudo o que ocorreu nos últimos 3 anos, fica claro que apareceram oportunidades importantes para transformar como se fazem os negócios no mercado de vizinhança. A pergunta óbvia, portanto, é "você aproveitou as suas oportunidades"? Caso sim, parabéns e vá direto para o primeiro capítulo do livro, pois o resto da minha mensagem não é para você.

Caso não, ainda assim te dou os parabéns, pois se você está lendo esse livro, é porque se preocupa com seu negócio e busca adaptar-se ao que está ocorrendo no mercado, mas pode estar sofrendo a luta diária do varejo: "um olho nas tendências, o outro nas pendências".

O que fica claro após escutar mais de 12.000 varejistas de vizinhança nos últimos 15 anos, é que a rotina da gestora/gestor é muito demandante e sobra pouquíssimo tempo para pensar no "depois do amanhã". Esse projeto do Marco Aurélio é uma oportunidade para mudar essa tendência, pois o seu formato convida a se arrumar um problema por vez. Talvez a base seja a escolha correta de Categorias, Marcas, Faixas de Preços e Serviços. Logo elementos humanos fundamentais, como desenvolvimento das equipes, o gerenciamento de índices importantes e o compartilhamento de boas práticas, sempre alinhadas ao objetivo principal da loja.

O meu convite é que você crie uma rotina com os seus funcionários ou a sua família, a cada segunda feira. Antes de iniciar a revisão de produtos faltantes, ou logo após reabastecer a geladeira de perecíveis, abra um espaço de 30 minutos para troca de experiências. Traga um resumo do que leu e o que está pensando em fazer com isso, mas em seguida pare para ouvir, verdadeiramente, o que seus colegas têm a dizer. Pode ser que não saia nada de novo, mas o simples fato de ter esse momento para pensar, irá gerar uma sensação de coparticipação no sucesso futuro da loja.

Repita essa rotina todas as semanas e terá um pouco mais de 24 horas no ano, nas quais você e seus colegas ou familiares, se dedicarão a pensar o "depois do amanhã". Seja criativo com o nome dessa reunião, evolua os assuntos que discute conforme o livro for terminando, convide seus clientes mais fiéis (e os mais rabugentos) para participarem uma vez por mês. Permita-se esse "presente", essa pausa, essa reflexão. O seu negócio agradecerá, os seus colegas apreciarão a oportunidade e, o mais importante, o seu "freguês" recompensará esse esforço com compras mais frequentes e de maior valor.

Retomo meu objetivo principal com este prefácio: aproveite a leitura para estimular a sua curiosidade. Essa viagem ao futuro começa agora, ao virar esta página, mas se tudo der certo, ela não terminará nunca mais. Divirta-se!

Felipe Mendes, CEO LATAM da GfK

SUMÁRIO

Introdução   **17**

Apresentação
Perfil do Mercado de Vizinhança   **23**

Capítulo 1
Montando minha loja com os olhos do cliente   **33**

Capítulo 2
Como abastecer minha loja: O que e onde comprar   **55**

Capítulo 3
Como precificar: Gestão de precificação   **77**

Capítulo 4
Gestão do estabelecimento   **97**

Referências   **119**

INTRODUÇÃO

Algumas vezes, a vida traz à tona surpresas que não esperávamos jamais acontecer, algo como um desejo ou sonho que estava escondido num canto obscuro da alma e, de repente, retoma a luz e ilumina as ideias. Foi exatamente isso o que aconteceu comigo. Acabo de realizar um sonho antigo, apresentando este livro a você, pequeno empreendedor e pequena empreendedora do varejo.

Quando estava na faculdade, já tinha interesse em ajudar empresários, principalmente aqueles que se dedicavam com empenho às suas micro e pequenas empresas. Ficava muito empolgado ao ver os trabalhos do Sebrae e de outras entidades brasileiras focadas em apoiar os pequenos negócios, e isso gerava em mim um interesse cada vez maior em colaborar com essas empresas.

Depois de formado, segui minha carreira profissional e acabei trilhando um outro caminho: fui trabalhar com pesquisas de mercado. Desde então, há quase 30 anos, me dedico a essa área, que me trouxe amplo aprendizado e uma carreira próspera, de muitas realizações.

Por uma inesperada coincidência, tive a oportunidade de pesquisar o pequeno varejo de autosserviço no Brasil de maneira detalhada, o que, seguramente, agregou muitos conhecimentos sobre o setor.

Ao longo da última década, fui a campo pesquisar, analisar, falar com pessoas, dar palestras, trocar ideias, ouvir sugestões, entender as ansiedades e os desejos de consumidores e varejistas sobre o Mercado de Vizinhança. Nesse sentido, sou muito grato à GfK, empresa de pesquisa de mercado a quem dediquei boa parte de minha carreira e onde sempre recebi todo o apoio necessário para executar minhas atividades.

No momento em que o Brasil vivia um período complicado, com a pandemia do coronavírus e dificuldades na situação econômica e política, decidi dedicar parte do meu tempo para retribuir ao mercado tudo o que aprendi. Juntei informações de pesquisas, aprendizados e minhas anotações, que já vinha fazendo há alguns anos, para escrever sobre o Mercado de Vizinhança.

Mas o que é o Mercado de Vizinhança?

Nos últimos anos, percebemos um amplo crescimento dos canais de venda no Brasil, com o surgimento de opções que oferecem uma forte relação custo-benefício para o consumidor. Nesse contexto, o Mercado de Vizinhança evoluiu e se fortaleceu mais do que os demais canais, ofertando variedade de produtos e novos serviços ao gosto do freguês e ajudando a impulsionar a economia.

Definir o conceito deste canal é uma tarefa difícil. Na minha visão, o Mercado de Vizinhança pode ser entendido como o mercadinho do bairro que vende alimentos e produtos essenciais para o dia a dia, onde o cliente pode pegar seus produtos e pagar na saída. Outra característica fundamental que diferencia esse canal dos demais é que estamos falando de lojas independentes, ou seja, que não pertencem às grandes redes do varejo. No Mercado de Vizinhança, o proprietário ainda está muito próximo da gestão da loja. E é a esse perfil de Mercado de Vizinhança que este livro é dedicado.

Aos olhos do consumidor, nas pequenas lojas de vizinhança, é possível tornar a vida mais fácil e prática. Não temos mais tempo para as compras, como fazíamos antigamente, quando esses momentos eram verdadeiros passeios familiares. A proximidade da loja é um fator essencial na escolha do estabelecimento para abastecer a casa, principalmente em grandes áreas urbanas, onde se concentra a maior parte da população brasileira. Quem já teve a oportunidade de ter um estabelecimento comercial perto de casa ou do trabalho sabe o quanto é valioso não gastar tempo em deslocamentos e ter tudo à mão.

Além da proximidade, os pequenos estabelecimentos trazem praticidade e preço justo ou, no mínimo, não abusivo. O cliente final se sente grato por isso.

Este livro é destinado a você – empresário, dono ou gestor de um pequeno estabelecimento do Mercado de Vizinhança –, que está na linha de frente da gestão. Este conteúdo foi preparado para apoiá-lo nos desafios diários e ajudá-lo a vender cada vez melhor. Embora tenha escrito pensando no Mercado de Vizinhança, acredito que este livro também possa servir de referência para outros tipos de varejo de pequeno porte, pois são negócios similares, com muitos pontos em comum.

No capítulo 1, vamos mostrar alguns aspectos importantes sobre como montar e organizar o estabelecimento, as seções e os serviços necessários para ter competitividade no mercado. Na sequência, no capítulo 2, apresentamos um tema essencial: como abastecer a loja. Comprar bem é um dos grandes segredos do negócio do varejo.

No capítulo 3, falamos sobre gestão de preços (que desafio, hein?!). Encerramos com o capítulo 4, apontando algumas soluções que podem ser implementadas para melhorar a capacitação da equipe (inclusive do próprio gestor), controlar rupturas e perdas, incrementar o *e-commerce* e adotar indicadores essenciais de gestão. Todos esses temas são abordados em linguagem simples e ilustrados com dicas práticas.

A ideia deste livro é ser o primeiro volume da Coleção *Mercado de Vizinhança*. No segundo volume, o foco será falar sobre pessoas. Vamos entender a fundo o perfil e o comportamento de gestores, colaboradores e, claro, do consumidor. No terceiro e último volume, a ideia é abrir os horizontes para abordar os vários desafios do Mercado de Vizinhança, tais como: mundo digital; tecnologias disruptivas, como Inteligência Artificial; legislação; tributos; redes de negócios e perspectivas futuras.

Os conteúdos foram preparados com muita dedicação. Espero que possam contribuir de forma significativa para o desenvolvimento do seu negócio e de todo o Mercado de Vizinhança em nosso País.

Boa leitura! Aproveite!

APRESENTAÇÃO

Perfil do Mercado de Vizinhança

No Brasil, temos uma ampla variedade de canais de distribuição, pulverizados nas cinco regiões do País, para atender hábitos de consumo bastante diversos. Em razão dessa pluralidade, até mesmo teóricos e estudiosos têm dificuldade para conceituar e estabelecer os limites que separam um segmento do varejo de outro.

Essa dificuldade é resultante da própria dinâmica do mercado, pois os varejistas se adaptam rapidamente às necessidades dos consumidores, mudando os formatos de suas lojas sem seguir regras fixas e conceitos tradicionais. Por exemplo: considerando o chamado varejo tradicional, temos os estabelecimentos menores, como as pequenas lojas de autosserviço (ou seja, onde o próprio cliente escolhe seus produtos), armazéns, mercearias, mercadinhos, minimercados, açougues e farmácias, entre outros. Pensando nos formatos maiores, temos o hiper e o supermercado (autosserviço com mais de nove caixas para pagamento), o atacarejo (atacadista que também vende ao consumidor final), as lojas de materiais de construção etc. Na tabela a seguir, podemos verificar a importância de cada canal, atualmente, no mercado brasileiro.

Canais de varejo e mercado de consumo brasileiro	
Varejo por canal	Mercado de consumo (em bilhões de Reais)
Hipermercados	R$ 92,80
Supermercado Grande	R$ 120,80
Supermercado Pequeno	R$ 165,80
Tradicionais	R$ 51,70
Bares/Restaurantes	R$ 53,50
Farmacosmésticos	R$ 116,90
Total Varejo	**R$ 601,60**

Fonte: Adaptado de Ranking Abad/NielsenIQ 2022. Revista Distribuição, n.331, p.32, abr./mai. 2022.

Por muitos anos, o mercado como um todo adotou o conceito de Mercado de Vizinhança estabelecido pela Nielsen, um dos maiores institutos de pesquisa do mundo, que definia essas lojas da seguinte forma: minimercados de autosserviço com até quatro caixas ou *checkouts* que vendiam, principalmente, alimentos e bebidas.

Com o passar do tempo, a própria Nielsen aperfeiçoou esse conceito, sinalizando que o Mercado de Vizinhança, atualmente, é formado por lojas com até 400m^2 de área de vendas, desconsiderando a quantidade de *checkouts*. Além disso, separou o Mercado de Vizinhança independente (aquele que não pertence a uma grande rede de varejo) e o Minimercado (que está conectado a uma rede).

Também encontramos diferentes dados que dimensionam o tamanho desse mercado. Segundo a Nielsen, em 2021, havia, no Brasil, cerca de 70 mil lojas de autosserviço independentes, que representaram 23% das vendas em comparação com outros segmentos do mercado alimentar, como super/hipermercado, atacarejo, farmácia, bar, lanchonete, restaurante etc. Além disso, o mercadinho independente teve um crescimento de 0,5% no faturamento no primeiro semestre de 2022 em relação ao mesmo período de 2021[1].

Já o Empresômetro[2], braço de pesquisa do Instituto Brasileiro de Planejamento e Tributação (IBPT), aponta que, no País, há 461.310 pontos de venda do varejo alimentar, ou seja, minimercados, mercearias e armazéns.

Diferente da Nielsen, por exemplo, o Empresômetro usa como critério a Classificação Nacional de Atividade Econômica (Cnae) 4712100, que identifica o comércio varejista de mercadorias com predominância de produtos alimentícios (minimercado e mercearia). Essas empresas faturaram, juntas, R$ 25,22 bilhões em 2022.

Em relação à distribuição geográfica, apenas cinco Estados concentram metade dessas lojas: São Paulo, Bahia, Minas Gerais, Ceará e Rio Grande do Sul. São Paulo é o Estado com o maior número de estabelecimentos – são 78.459, que representam 16% do total nacional.

Assim, com base nos estudos realizados ao longo destes anos, experiência na área de pesquisa e utilizando alguns conceitos de mercado, decidi traçar um perfil do Mercado de Vizinhança para compor este livro e os demais volumes da coleção. Essa definição leva em consideração dados objetivos, mas também algo em que acredito muito: um negócio não é feito apenas de números ou estatísticas, mas de pessoas.

---

1. Pesquisa Nielsen: publicação Estrutura do Varejo Brasileiro (diversos anos).

2. O Empresômetro é um banco de dados qualificado que contêm todos os CNPJs ativos do Brasil.

Assim, veremos adiante outros elementos que ajudam a entender o perfil do Mercado de Vizinhança, sendo o fator humano parte extremamente importante dele.

Por isso, quando falarmos de Mercado de Vizinhança, nesta obra, estaremos nos referindo a um negócio com as seguintes características:

- É uma empresa familiar, isto é, não pertence a uma grande rede varejista;

- O proprietário é o gestor da loja, um de seus sucessores ou, pelo menos, está/é muito próximo de quem gerencia o estabelecimento;

- Comercializa, principalmente, bens de consumo (alimentos, bebidas, limpeza, higiene pessoal);

- É uma loja de autosserviço, onde o cliente pode escolher seus produtos e pagar no caixa;

- Em sua grande maioria, tem apenas uma loja. Porém, aqueles que possuem filiais têm, no máximo, mais duas lojas;

- A loja tem até 450m^2 de área de vendas;

- Possui, no máximo, 40 funcionários, sendo que a grande maioria tem até 10 colaboradores;

- As compras das mercadorias, em sua maior parte, são feitas via distribuidor ou atacadista, e não diretamente da indústria.

Fator humano: essencial neste canal

Quando pensamos no indivíduo por trás de um estabelecimento do Mercado de Vizinhança, conseguimos compreender melhor esse segmento. Para começar, a dedicação ao negócio é total. O gestor ou a gestora toma o negócio como parte da sua vida, e não apenas como uma fonte de sustento que deverá sobreviver ao longo do tempo, independentemente se ele ou ela estiver à frente dos negócios.

A pessoa física se confunde com o gestor que administra a loja. Dizemos que o CPF e o CNPJ são uma única coisa. É difícil separar os papéis de gestor da loja e gestor da vida pessoal e familiar. Em muitos casos, as contas pessoais se misturam com as finanças da loja e vice-versa. A contabilidade se torna única.

Por um lado, a vantagem disso é humanizar os negócios; não ser apenas um CNPJ, mas ter um propósito. De outro, o negócio junto e misturado com a vida pessoal pode trazer alguns riscos, principalmente em termos financeiros. Nesse sentido, o desafio do gestor é adquirir alguns aprendizados para equilibrar os dois aspectos.

Por conta desse perfil, acredito que os fornecedores – indústrias, distribuidores e atacadistas – não podem tratar o "cliente" Mercado de Vizinhança como uma loja a mais na carteira comercial. O fornecedor precisa ver que atrás do balcão existe um ser humano que tem suas necessidades, carências, preocupações, ansiedades, vida familiar etc., não apenas um gestor que precisa bater metas. O relacionamento tem de ser mais humanizado.

Vamos explorar o perfil do gestor do Mercado de Vizinhança em profundidade no segundo volume desta coleção.

Pontos fortes

Do ponto de vista do consumidor, o Mercado de Vizinhança apresenta muitas vantagens. Vamos começar falando de praticidade e comodidade. O consumidor não quer mais gastar tempo nas compras e procura esses estabelecimentos para adquirir os produtos essenciais do seu dia a dia. Ele tem a possibilidade de, em um único local, encontrar o básico para sua sobrevivência.

Proximidade é outro grande benefício. A loja instalada perto da casa do consumidor, do seu trabalho, da escola dos filhos, etc. reduz o tempo gasto com deslocamento e trânsito, gerando economia de combustível e estacionamento, por exemplo.

O atendimento é um ponto alto do Mercado de Vizinhança bastante valorizado pelo cliente. Normalmente, os colaboradores dessas pequenas lojas conhecem os consumidores e estabelecem um relacionamento cordial, até mesmo uma amizade. A relação comercial passa a ter uma conotação de confiança e segurança entre a equipe da loja e os clientes. Assim, o atendimento torna-se mais humanizado em comparação ao atendimento de um grande supermercado, por exemplo, onde a dinâmica não possibilita tanta interação.

Como o lojista está muito próximo do consumidor, consegue conhecer as necessidades individuais de alguns clientes e, a partir daí, tem a possibilidade de praticar ações personalizadas. Existe até mesmo uma expressão para isso: "umbigo no balcão", ou seja, o varejista está presente na loja, ouvindo os consumidores e identificando as oportunidades do negócio.

Alguns anos atrás, quando trabalhava no instituto de pesquisa GfK, soube de um caso de uma loja pequena em São Paulo, visitada frequentemente para consulta de dados da pesquisa, que vendia uísque, um produto pouco comercializado em estabelecimentos de bairro. O dono explicou que comercializava o item porque alguns consumidores tinham o hábito de beber esse tipo de destilado. Ou seja, ele tinha um amplo conhecimento das preferências de seus clientes.

Preço justo é outro grande benefício oferecido pelo Mercado de Vizinhança. Analisando pesquisas de preços ao longo dos anos, percebemos que os valores praticados nesse canal são pouco superiores aos encontrados em hiper/supermercados em categorias como mercearia e bebidas. Já na categoria de perecíveis, a exemplo de carnes e FLV, o preço do Mercado de Vizinhança é mais baixo em relação aos demais formatos. Comparando os preços da cesta básica tradicional, os valores do Mercado de Vizinhança são extremamente competitivos (como veremos no capítulo 3, sobre precificação).

Por fim, a agilidade para adaptar a gestão dá competitividade ao Mercado de Vizinhança. Por ter uma gestão centralizada e simples, qualquer tipo de adaptação ocorre de forma rápida. Por exemplo: trocar um produto inadequado, incluir uma categoria, ouvir e implantar as necessidades dos clientes, oferecer um novo serviço, contratar ou substituir um colaborador etc. Em grandes varejistas, esse tipo de mudança pode demorar para ser concluída, sem contar a burocracia e os processos internos, que tendem a ser mais lentos.

Potencial econômico

O Mercado de Vizinhança tem uma grande importância para a economia nacional, contribuindo, por exemplo, para a geração de empregos.

Estudando esse canal há algum tempo, minha expectativa é de que, com uma economia mais estável, o segmento cresça rapidamente, pois o consumidor sabe buscar boas alternativas de compras, além de comparar diferentes estabelecimentos e seus produtos e preços.

De 2014 a 2016, a economia brasileira sofreu alguns solavancos, em um período de forte recessão que diminuiu o poder de compra do consumidor, impactando o varejo, inclusive o Mercado de Vizinhança. Mas, depois desses anos difíceis, a partir do segundo semestre de 2017, vimos movimentos econômicos que sinalizaram um rumo consistente de retomada da economia brasileira, como a redução da inflação, a melhoria real do valor dos salários e a liberação do FGTS. Essas medidas ajudaram a impulsionar o consumo das famílias.

Em 2018, a recuperação da economia seguiu passos lentos e foi impactada por diversos eventos, como a greve dos caminhoneiros e crises internacionais. Havia uma esperança de retomada em 2020, até a pandemia tomar conta do planeta.

A chegada da Covid-19 parou o crescimento econômico mundial, afetando praticamente todos os setores. Mas, pelo fato de atender às necessidades básicas da população, o segmento varejista, incluindo o Mercado de Vizinhança, permaneceu firme. Aliás, esse canal foi fundamental para a manutenção da dinâmica comercial do mercado, pois manteve suas portas abertas quase o tempo todo. O Mercado de Vizinhança conseguiu se adaptar na pandemia, fazendo mudanças para atender o consumidor num período crítico, adotando, por exemplo, medidas sanitárias, *delivery* e alterações nos horários de funcionamento. O varejo fez o que pôde para apoiar o consumidor.

Os anos de 2021 e 2022 foram de retomada gradual do mercado, ainda com dificuldades, com o real desvalorizado em comparação ao dólar e inflação alta, além do cenário político conturbado. O Mercado de Vizinhança voltou a aumentar a quantidade de produtos comercializados – especialmente aqueles que tiveram dificuldade de reposição em 2020 –, priorizando itens de maior giro.

No momento em que estamos finalizando este livro, em 2023, um dos maiores obstáculos em termos econômicos é a inflação alta, que reduz o poder de compra do consumidor. Para economizar, muitos clientes têm buscado alternativas mais baratas, favorecendo canais como o atacarejo ou *cash & carry* – formato que cresce desde 2015, segundo dados da Nielsen IQ. Em 2022, o atacarejo registrou 69% de penetração no mercado nacional. Sem dúvida, um forte concorrente para os pequenos estabelecimentos.

Apesar dos altos e baixos da nossa economia, o Mercado de Vizinhança tem grandes vantagens, como dissemos anteriormente: praticidade, proximidade e conveniência. Acredito que esses fatores vão continuar impulsionando o crescimento contínuo desse canal.

Outra tendência é a profissionalização dos gestores. Percebemos diferentes agentes (distribuidores, indústrias, cooperativas, Sebrae etc.) se preocupando em fazer com que esse canal possa melhorar cada dia mais, promovendo iniciativas para aperfeiçoamento dos gestores. As ferramentas de gestão de loja também estão mais acessíveis – como *softwares*, *scanners*, caixas automáticos, segurança etc. –, facilitando muito os processos no dia a dia e liberando o gestor para atividades mais nobres. A tecnologia será um grande suporte para o Mercado de Vizinhança crescer de forma mais rápida.

Com tantas mudanças à frente, num canal muito importante para o consumidor, temos de estar preparados para o futuro e caminhar de forma ágil. Nos próximos capítulos, procuramos trazer muitas dicas e conhecimentos para que você possa aprimorar a gestão do seu estabelecimento e elevar o patamar de suas vendas e rentabilidade. Vamos surfar juntos nesta caminhada?

CAPÍTULO 1

MONTANDO MINHA LOJA COM OS OLHOS DO CLIENTE

Meu caro amigo varejista, a ideia deste livro é levar a você um conhecimento objetivo e prático para aprimorar seu aprendizado e também de outros profissionais que atuam no setor, promovendo, assim, uma mudança positiva no seu dia a dia e melhorando o desempenho do seu estabelecimento.

Por isso, decidi começar com aquilo que há de mais conhecido e simples no mercado no que diz respeito à loja. Muitos autores sempre falam da importância dos conhecidos 4 Ps do marketing (produto, preço, ponto e promoção) e alguns já se referem a uma maior quantidade de Ps. Aqui, expandimos para 6 Ps: ponto, produto, promoção, preço, pessoas e propaganda/publicidade. Vamos abordar esses aspectos de formas diversas ao longo do livro

Os dois Ps que nos interessam neste capítulo são: ponto e produto. Isso significa que vamos falar da localização onde você pretende abrir uma loja ou já está estabelecido e sobre os produtos que serão colocados no local.

Sua loja está bem localizada?

A localização do ponto de venda é um aspecto muito importante na decisão do varejista. Diria até que é a decisão mais crítica a ser tomada.

Entender onde a loja está localizada é fundamental para decidir outras questões extremamente importantes, como o mix de produtos, os preços e a propaganda junto ao cliente final.

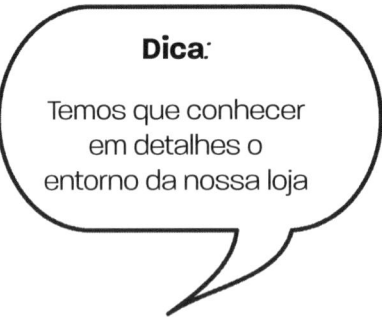

Dica: Temos que conhecer em detalhes o entorno da nossa loja

Primeiramente, precisamos entender qual é a área de influência do estabelecimento na região onde está situado. De forma simples, a área de influência é a distância entre a loja e o consumidor e está relacionada ao tempo que ele gasta para se deslocar de casa ou do trabalho até o estabelecimento.

Normalmente, fala-se em área de influência primária, secundária e terciária. A área primária é aquela que está ao lado da loja, a aproximadamente 100 metros ou a uma quadra de distância, considerando a frente e os lados do estabelecimento. Já a área de influência secundária está a mais de duas ou três quadras de distância, isto é, a cerca de 300 metros. A área terciária diz respeito à região distante, no máximo, 500 metros da loja e, para o Mercado de Vizinhança, não é muito utilizada.

Vamos observar um exemplo que nos ajudará a entender melhor esses conceitos.

No mapa a seguir, temos a "Praça Seu Francisco" como ponto de referência. Caso a loja estivesse localizada nesse endereço, diríamos que a área de influência primária seriam a Rua Marechal Mallet, a 100 metros para Norte ou Sul, e a Rua Manoel Eufrásio, a uma quadra para Leste ou Oeste

Expandindo para a área secundária da Praça Seu Francisco, o consumidor estaria se deslocando duas quadras, ou seja, até a Rua São Pio X, e uma quadra para cima ou para baixo na Rua Marechal Mallet ou na Rua Manoel Eufrásio. Neste caso, estamos falando de uma rápida caminhada, de 200 a 300 metros, da casa do cliente até a loja. Nesse caminho, o consumidor encontraria outros estabelecimentos, como escolas, loja de festa, supermercados e cafeterias.

Em última instância, quando falamos de área de influência terciária, significa atingir de quatro a cinco quadras de distância da loja. No caso da Praça Seu Francisco, já percebemos, no mapa abaixo, uma quantidade ainda maior de supermercados, centros culturais, praças, escolas e terminais de ônibus abrangendo o entorno.

Pensando no Mercado de Vizinhança, o ideal é focar nas áreas de influência primária e secundária, que têm maior fluxo de consumidores, considerando uma região urbana. Não falamos da possibilidade de deslocamentos com carro porque a área de influência da loja seria muito maior, o que aumentaria a complexidade do negócio. Teríamos de avaliar, por exemplo, os perfis do cliente e da concorrência de forma mais abrangente.

> **Dica:**
> Utilize o Google Maps como uma ferramenta para entender quais são as áreas de influência da loja e até onde o consumidor estaria disposto a se deslocar a pé para fazer compras no seu estabelecimento.

Por outro lado, se a loja estiver numa área rural ou mais distante da área urbana, provavelmente, teremos mais clientes usando o carro ou outro meio de transporte. Será sempre necessário considerar a situação particular de cada loja para fazer esse dimensionamento.

Recomendo que o próprio varejista ou os atendentes possam conversar com os consumidores para entender onde eles moram e como se deslocam até a loja. Isso ajudaria, de forma real, a entender qual é a área de influência.

Dica:
Uma forma de conseguir o endereço dos clientes poderia ser a realização de uma rifa, em que o cliente disponibiliza telefone e endereço. A partir disso, é possível levantar uma série de dados e conhecer melhor a área de influência.

Se a sua loja possui um cartão fidelidade e este tem o endereço dos consumidores, já seria possível realizar um levantamento da área de influência utilizando apenas o Google Maps ou alguma outra ferramenta de mercado em que há a possibilidade de entender a origem dos seus consumidores.

Provavelmente, você já deve ter andado nos arredores do seu estabelecimento. Vale a pena dar um novo "passeio", mas com o objetivo de levantar informações como se nessa área de influência há mais casas ou apartamentos. Veja também se há estabelecimentos comerciais e de que tipo (restaurantes, lojas de roupas etc.) e se há empresas, indústrias ou escritórios. Observe a qualidade desses imóveis, tanto os residenciais quanto os comerciais – se são de baixo, médio ou alto padrão em comparação aos de outras regiões do município onde você está localizado.

Como resultado prático, esses dados vão possibilitar que você conheça com propriedade a área de influência do seu estabelecimento e o perfil do consumidor, ajudando a entender melhor o que fazer na loja no que se refere a produtos, preços, promoções etc. Por fim, ajudará a mapear a concorrência e dimensionar o potencial a ser alcançado no futuro.

Case

Na cidade de São Paulo, uma loja de vizinhança começou a oferecer pães frescos para sua clientela. Inicialmente, eram vendidos aproximadamente 500 pães por dia, porém, em poucos meses, o volume reduziu para 1/3 desse total. O varejista ficou intrigado: qual seria a razão dessa queda tão grande nas vendas?

Ele descobriu que a concorrência vinha da abertura de um novo estabelecimento comercial nas proximidades – no caso, uma padaria –, que atrapalhou suas vendas.

Por isso, o primeiro e mais importante passo é estar antenado no seu bairro, para saber rapidamente quando surgir um concorrente que pode levar seu consumidor embora. Converse com os clientes com quem você tem um relacionamento mais próximo e questione, fazendo uma rápida pesquisa, onde ele compra pão francês no momento.

> **Ferramentas úteis para você:**
>
> - **Google Maps:** ajuda a entender quais são as áreas de influência da loja (www.google.com.br/maps);
>
> - **Geofusion:** empresa especializada em georreferenciamento e dados de mercado (www.geofusion.com.br);
>
> - **Cognatis:** empresa com ferramentas de geomarketing para diversas situações e necessidades do mercado (www.cognatis.com.br);
>
> - **TTL Experience:** tem muitos dados de potencial de consumo por bairro, por categoria (alimentos, bebidas, higiene, beleza, bazar etc.), dados de CNPJ e perfil do consumidor (www.ttl.net.br).

Por que o consumidor vai às compras?

Agora, vamos mudar o nosso assunto para outro "P", que é o produto. E nada melhor do que começar pela visão do nosso cliente final.

O consumidor sempre tem um propósito quando vai às compras: pegar o fermento que acabou quando estava preparando uma receita, o pãozinho de manhã cedo, os produtos para abastecer a despensa; preparar um churrasco, comprar algumas guloseimas e bebidas para receber uma visita e por aí vai.

Para cada objetivo – ou missão de compra –, o cliente procura um tipo de loja, que deve ter ambiente, produtos e serviços adequados para atender suas necessidades e desejos.

De olho nisso, vamos conhecer as diferentes missões de compra do consumidor:

- **Reposição:** são as compras em pequenas quantidades para repor itens de uso recorrente. Para isso, o consumidor prefere locais próximos de casa. Geralmente, ele vai ao ponto de venda com maior frequência, porém gasta menos em cada visita (menor tíquete médio). O mercado de vizinhança é ideal para atender essa missão de compra;

- **Abastecimento:** é uma compra planejada e em grande quantidade, com o objetivo de abastecer a despensa. Por isso, o cliente desembolsa um valor maior nesse caso. Geralmente, é feita em hiper, supermercado ou atacado;

- **Consumo imediato:** uma compra de emergência ou para satisfazer um desejo imediato. É realizada em pequenos estabelecimentos.

Dica:
Coloque-se no lugar do seu consumidor e procure saber: quais são as missões de compra que ele tem ao chegar à sua loja?

Ao pensar no que a sua loja vai oferecer de diferencial para o cliente, também é preciso levar em consideração o papel das várias categorias de produtos e a capacidade que elas têm de atrair o cliente e gerar lucratividade para o negócio.

Os principais papéis das categorias são:

Destino: produtos que o consumidor sabe que determinada loja é o melhor local para sua compra. Exemplos: carnes e pães;

Rotina: produtos que o cliente precisa para o seu dia a dia. Exemplos: arroz e macarrão;

Conveniência: produtos que atendem uma necessidade ou um desejo de consumo pontual. Exemplos: bebidas, guloseimas e salgadinhos;

Indulgência: produtos não essenciais e que geram conforto ou prazer. Exemplos: sorvete, itens *gourmet* e produtos de beleza;

Sazonais: categorias que crescem ou aparecem em determinados períodos do ano, como: tender no Natal, canjica e pé de moleque nas Festas Juninas, brinquedos no Dia das Crianças, enfeites para o Carnaval etc.

Com isso em mente, vemos, então, que a vocação do Mercado de Vizinhança é atender as compras de reposição, isto é, mais das categorias de destino e rotina, ou seja, produtos essenciais para o dia a dia. Em muitas visitas realizadas ao longo dos anos, percebi que quanto menor a loja, maior a proporção dos itens essenciais. Por isso, é fundamental entender a dinâmica do consumidor e alinhar o sortimento para ganhar competividade. Vamos explorar em mais detalhes as categorias e marcas no capítulo 2.

Dica:
Entendendo as missões de compra e os papéis das categorias, você começa a definir melhor o sortimento da sua loja.

Escolhendo as seções da loja

A missão de compra também é um dado que ajuda a organizar as seções da loja. De forma geral, os estabelecimentos do Mercado de Vizinhança têm as seções listadas a seguir, que podem variar de acordo com o tamanho da loja, a região do País e o perfil do consumidor:

Mercearia: arroz, feijão, açúcar, café, enlatados. Dedicada aos alimentos não perecíveis e que dispensam refrigeração, esta é uma das seções que mais geram faturamento para a loja de vizinhança, segundo sempre apontaram os estudos da GfK. São produtos básicos e de alto giro. Arroz, açúcar e feijão costumam representar mais da metade das vendas desta seção.

Bebidas: água, refrigerante, cerveja, sucos, bebidas em pó e destiladas, entre outras. De maneira geral, são produtos que respondem por parte significativa das vendas. Com a busca por um estilo de vida mais saudável, vale ficar atento ao comportamento do seu consumidor e, se for o caso, adaptar o mix, caprichando na oferta de sucos, água de coco, chás, isotônicos etc.

Hortifruti: também conhecido como FLV (frutas, legumes e verduras), é um atrativo muito grande para as lojas de vizinhança, pois as pessoas preferem comprar esse tipo de alimento perto de casa e bem fresquinho. É importante que o ambiente esteja limpo, organizado, sem produtos podres ou envelhecidos e com itens dispostos em boas gôndolas. Esta seção é capaz de criar um conceito da loja na mente do consumidor – se estiver bem cuidada e organizada, o cliente já imagina que os demais produtos recebem o mesmo cuidado. Para se ter uma ideia, em 2021, a seção foi encontrada em 95% das lojas do varejo de vizinhança, segundo dados da GfK.

Refrigerados: iogurte, manteiga, queijos, laticínios, embutidos. A data de validade dos produtos é um dos principais pontos de atenção desses itens perecíveis. É necessário fazer a gestão usando práticas como Peps (primeiro que entra, primeiro que sai) ou Fifo (*first in, first out*, em inglês), tanto no estoque quanto na gôndola, ou então PVPS (primeiro que vence, primeiro que sai). Esse conceito é simples de entender – significa que os produtos que entraram primeiro no estoque ou vencerão primeiro serão os primeiros a serem colocados nas gôndolas para venda, evitando que vençam na prateleira e gerem perdas.

Padaria: apostar na produção do próprio pãozinho é um diferencial competitivo, porque ajuda a fidelizar o cliente. Vale ficar atento ao perfil do consumidor da sua região e ampliar as receitas, oferecendo, por exemplo: pães integrais, doces, recheados, sem glúten, lanches, bolos, salgados etc. A padaria é uma seção que cresce nos supermercados, trazendo rentabilidade e oportunidades, porque cada vez que o consumidor vem para comprar pão, pode levar mais produtos, aumentando as vendas. Uma estratégia interessante, nesse sentido, é posicionar a padaria no fundo da loja, porque o cliente precisará percorrer todo o ambiente, seguindo o cheirinho de pão, e, nesse trajeto, comprar outros itens.

Açougue: presente em 56% das lojas do Mercado de Vizinhança, é outra seção que atrai clientes diariamente para a loja, atendendo o papel destino. A loja pode oferecer carnes *in natura* ou congeladas, já embaladas, porcionadas, cortadas na hora etc. Esta seção traz rentabilidade, porque são produtos de alto valor agregado. Com bom atendimento e produtos de qualidade, o açougue pode se tornar um diferencial da sua loja na região.

Peixaria: peixes de água doce ou salgada, crustáceos, frutos do mar. Não é uma seção encontrada com frequência no Mercado de

Vizinhança, porque requer equipe treinada, além de equipamentos e fornecedores específicos.

Limpeza: sabão em pó, amaciante, detergente líquido, água sanitária, álcool, desinfetantes, vassoura. Depois da pandemia, a atenção das pessoas com limpeza se tornou ainda maior, especialmente produtos para desinfecção e com ação bactericida. Assim, esta seção, que sempre foi importante para a loja da vizinhança, pode dar mais visibilidade para esses produtos.

Higiene pessoal e beleza: papel higiênico, sabonete, xampu, creme dental, desodorante, hidratante para o corpo, fraldas etc. O Brasil é um dos maiores mercados do mundo para produtos de cuidados pessoais e itens de beleza. Trabalhar com variedade de itens e marcas e dar visibilidade em sua exposição costuma trazer resultados interessantes.

Orgânicos: em 2010, menos de 10% das lojas de vizinhança ofereciam este tipo de produto, índice que saltou para 30% em 2021, segundo dados da GfK. Oferecer produtos orgânicos é uma forma de se aproximar do tema saudabilidade, cada vez mais importante para os consumidores.

Bazar: utilidades domésticas, pilhas, papelaria, brinquedos, chinelos, artigos para festa etc. É uma seção muito importante no Mercado de Vizinhança, presente em 68% dos pequenos estabelecimentos em 2021, segundo a GfK, e que pode trazer lucratividade interessante. Como estamos falando de uma variedade de categorias muito grande, o desafio é definir os itens que fazem mais sentido para o seu cliente e que cabem no espaço físico da loja. É uma seção que pode ganhar destaque nas datas sazonais, melhorando o mix e a exposição nas épocas de volta às aulas e Dia das Crianças, entre outras.

Confinados: também chamados de PAR (produtos de alto risco), são itens que, em muitas lojas, ficam presos em armários por serem de alto valor agregado e bastante visados para furtos e roubos, como bebidas alcoólicas, perfumaria (protetor solar, desodorante, aparelho de barbear) e cigarros. É uma área presente em 49% das lojas do MV. Verifique a possibilidade de reforçar a segurança para inibir e identificar possíveis furtos, instalando câmeras de segurança na loja, por exemplo.

Boas práticas com alimentos perecíveis

Garantir a segurança dos alimentos em seções como padaria, açougue e peixaria é essencial, afinal, nessas áreas, ocorre a manipulação de vários tipos de produtos perecíveis, não perecíveis, congelados etc., o que pode gerar risco de contaminação. É preciso atender a legislação sanitária da sua região e contar com nutricionista ou consultoria especializada para implementar as boas práticas – ou seja, as normas para manter o padrão de qualidade – e, assim, garantir a segurança do alimento.

Os colaboradores que trabalham nessas seções também devem ser treinados para adotar cuidados, como: não recongelar alimentos, receber e armazenar adequadamente os produtos, aplicar os procedimentos corretos de higiene do local e dos funcionários que vão manipular os alimentos, uso de equipamentos de proteção individual (EPIs), como touca, luva e avental, fazer a limpeza correta dos equipamentos etc.

Ficar atento a esses cuidados é fundamental para a credibilidade do estabelecimento. Já pensou se um cliente passa mal depois de consumir os produtos comprados na sua loja? Com certeza, a notícia corre, até mesmo pelas redes sociais, abalando a confiança no estabelecimento.

Serviços na loja

Além de um mix de produtos e seções que atendam as necessidades do cliente, o varejista pode oferecer outros serviços para tornar a loja mais atrativa.

> **Dica:**
> Aproveite para fazer uma lista dos serviços que sua loja oferece e quais outros poderiam ser acrescentados em pouco tempo para torná-la mais atrativa junto ao cliente.

Vamos começar falando dos meios de pagamento, que hoje são muitos. É preciso oferecer o máximo de alternativas possível, inclusive com a opção de parcelamento de compras. Temos desde os já conhecidos dinheiro, cartão de crédito e débito, vale alimentação, até os mais novos como PIX e QR Code. Acompanhar essas novidades é essencial!

Confira, no gráfico a seguir, a variação de meios de pagamento entre 2020 e 2021 no Mercado de Vizinhança, segundo a GfK:

Gráfico 1 - **Principais meios de pagamento entre 2020 e 2021**

O **PIX** chegou e já se estabeleceu no pódio das formas de pagamento, enquanto o cheque continua perdendo espaço na aceitação

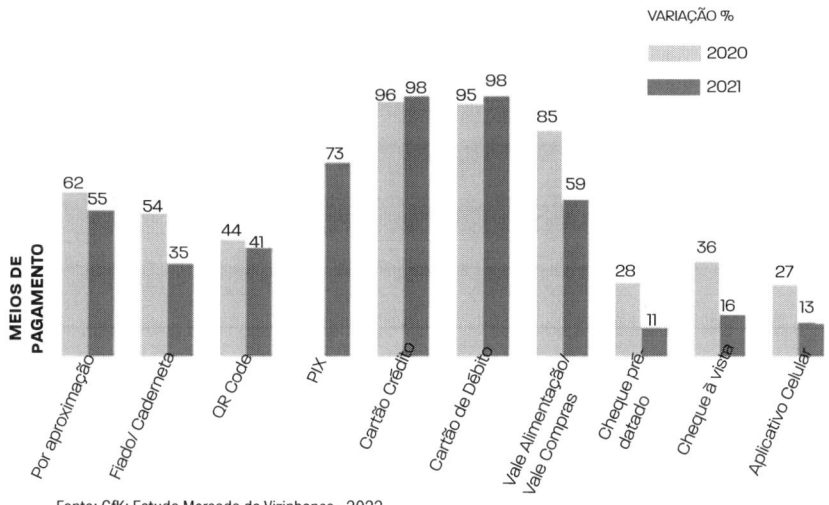

VARIAÇÃO %

■ 2020
■ 2021

MEIOS DE PAGAMENTO

Por aproximação	Fiado/ Caderneta	QR Code	PIX	Cartão Crédito	Cartão de Débito	Vale Alimentação/ Vale Compras	Cheque pré-datado	Cheque à vista	Aplicativo Celular
62	54	44	73	96	98	85	28	36	27
55	35	41	—	98	95	59	11	16	13

Fonte: GfK: Estudo Mercado de Vizinhança - 2022
Variação de meios de pagamentos entre os anos de 2020 e 2021

Esses dados mostram algumas mudanças relevantes. O cheque, por exemplo, vem perdendo espaço, enquanto o PIX, criado recentemente, já se tornou um dos meios de pagamento preferidos dos clientes.

Uma característica do Mercado de Vizinhança é a venda fiada, conhecida como caderneta – uma prática tradicional no varejo que funciona bem em várias regiões do País. O cliente compra agora e se compromete a pagar no futuro. O varejista deixa tudo anotado na caderneta.

O sucesso desse meio de pagamento tão brasileiro pode ser explicado porque há uma forte relação de confiança entre lojista e clientes, principalmente aqueles mais antigos. A caderneta é um meio de fidelização, pois nenhum outro estabelecimento (atacado, hiper ou supermercado) oferece esse tipo de serviço. No entanto, essa modalidade de pagamento vem caindo e a principal razão é o alto nível de inadimplência. Em 2020, a caderneta foi adotada por 54% dos estabelecimentos do Mercado de Vizinhança, ao passo que, em 2021, apenas 35% dos pequenos varejistas ofereceram esse meio de pagamento aos consumidores.

Há outros tipos de serviços que também são muito bem-vindos para proporcionar conveniência e comodidade ao cliente. São eles: entregas em domicílio, geladeira para bebidas, Wi-Fi e vagas gratuitas de estacionamento.

A entrega em domicílio, oferecida por 63% dos estabelecimentos[1], já era importante no negócio do pequeno varejo e se tornou ainda mais no pós-pandemia. Como grande parte dos clientes estão próximos à loja, é relevante oferecer a entrega, na casa do consumidor, dos produtos comprados – eventualmente, até cobrando uma taxa. Em um cenário de competição acirrada com aplicativos de entrega, o pequeno varejista tem capacidade para ganhar essa corrida e se diferenciar entregando no entorno da loja, em apenas algumas horas ou no mesmo dia. Portanto, é um serviço que faz muita diferença na percepção que o consumidor tem da loja.

Oferecer bebidas geladas, principalmente se a loja estiver em uma região mais quente do País, é um serviço praticamente obrigatório hoje em dia. Quase todos os estabelecimentos (94%) do Mercado de Vizinhança possuem geladeira para bebidas, segundo estudo da GfK, com dados de 2021.

O mesmo estudo revela que o Wi-Fi vem ganhando importância: 68% das lojas de vizinhança disponibilizam essa facilidade para o consumidor.

---
1. Pesquisa Mercado de Vizinhança (GFK, 2021).

Outro serviço relevante é o tabloide, uma prática para dar visibilidade às ofertas e promoções da loja, atraindo consumidores. Uma parte considerável do pequeno varejo já está montando seu próprio ou negociando com fornecedores/distribuidores um tabloide comum.

O cartão fidelidade também merece destaque nos pequenos negócios. Ao longo do tempo, esse serviço vem crescendo cada vez mais no Mercado de Vizinhança. Com a diminuição nos preços de confecção dos cartões e apoio para fidelizar os clientes, o cartão fidelidade serve como um meio promissor para muitas lojas.

Disponibilizar vagas gratuitas de estacionamento é um serviço bastante valorizado pelos clientes. Elas devem estar bem demarcadas e sinalizadas. Verifique a legislação da sua região para a inclusão de vagas preferenciais.

Caixa eletrônico e segurança particular na loja também são serviços relevantes e que devem ser considerados pelos estabelecimentos de pequeno porte.

Que tipos de serviço sua loja oferece atualmente? E quais podem ser incluídos para melhorar a experiência do cliente?

Resumindo os aprendizados

✓ Entenda a localização e o entorno da loja para saber quem é seu consumidor e o potencial do seu estabelecimento;

✓ Tente descobrir quais são as razões ou missões de compra que levam o cliente à sua loja;

✓ Separe os produtos (mix) de acordo com os papéis das categorias;

✓ Defina as seções de maior relevância para o consumidor, não somente considerando a lucratividade;

✓ Tenha atenção redobrada com produtos perecíveis;

✓ Defina alguns serviços adicionais para que a loja possa atrair mais clientes.

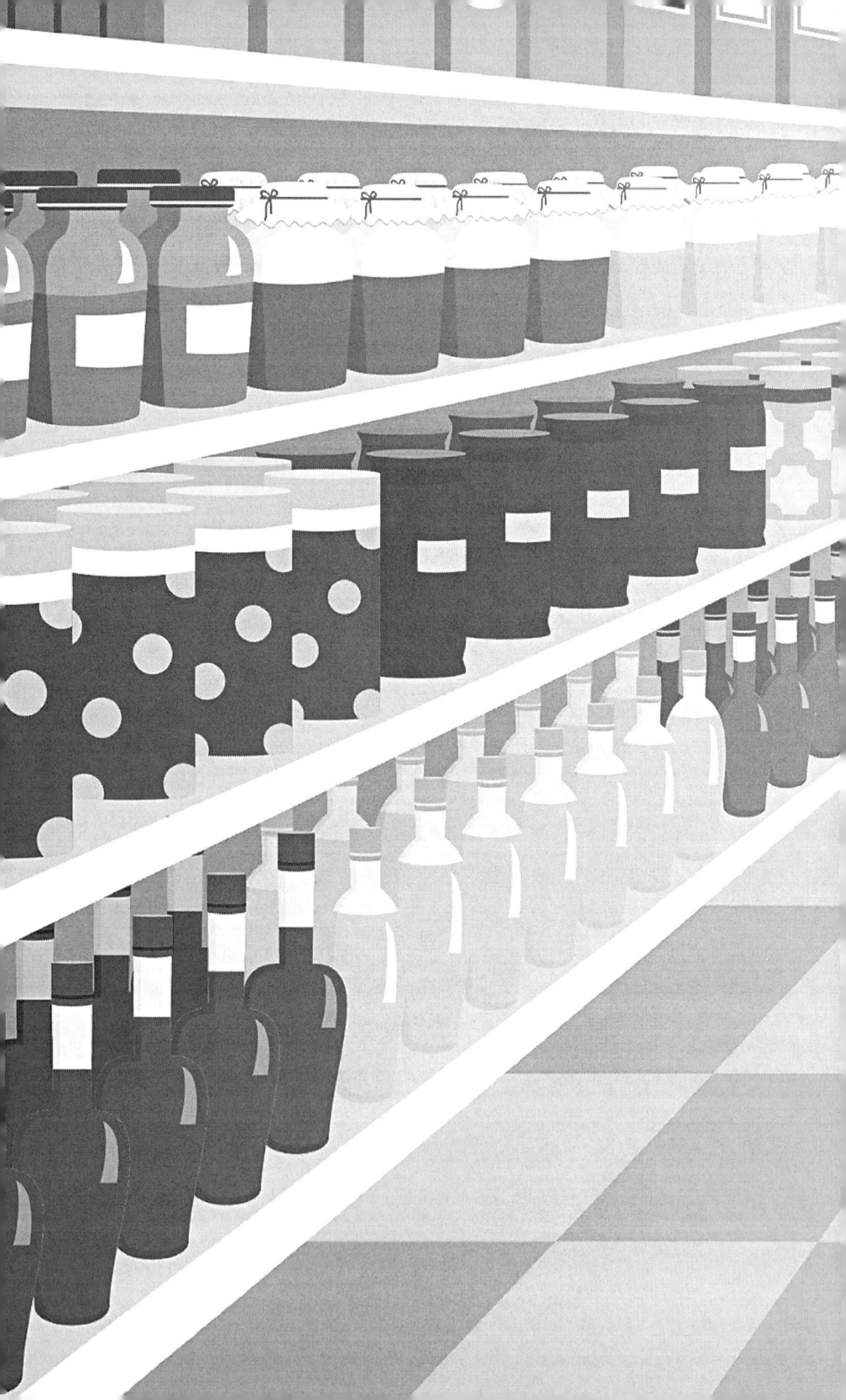

CAPÍTULO 2

COMO ABASTECER MINHA LOJA: O QUE E ONDE COMPRAR

No capítulo anterior, falamos sobre as missões de compra e o potencial do varejo de vizinhança para as compras de reposição. Esse é o primeiro passo para começarmos a pensar em como abastecer a loja e compor um sortimento com **produtos** e **marcas** que atendam as necessidades dos clientes. Por isso, neste capítulo, vamos entender melhor o que e onde comprar produtos para abastecer a loja, sempre tendo em mente a percepção do consumidor.

E quais marcas devem compor o sortimento da loja?

Para tomar essa decisão, podemos nos colocar no papel de cliente, circulando num grande supermercado. Ao entrar, a primeira coisa que queremos é encontrar as categorias relevantes para o dia a dia e, dentro dessas categorias, as marcas que satisfazem nossas necessidades como consumidores.

Quando estamos diante de uma gôndola, nosso desejo é adquirir produtos de marcas conhecidas a um preço justo. Se o total que tenho para uma compra for menor do que o preço dos itens de marcas renomadas, aí, sim, vou adquirir um produto mais barato.

Assim, o varejista precisa estar sintonizado com as marcas que vendem mais. Como o consumidor procura o Mercado de Vizinhança para compras de reposição, é fundamental oferecer marcas conhecidas e relevantes para ele, principalmente em categorias-chave, como: sabão em pó, amaciante, creme dental, limpeza pesada, água sanitária, sabonete, xampu, refrigerante, cerveja, carne, leite e derivados, arroz, feijão, café, açúcar, óleo de soja, margarina e papel higiênico.

> **Dica:**
> Você precisa saber quais marcas e produtos têm maior notoriedade e são mais conhecidos pelos consumidores.

A grande dúvida é: como saber quais marcas interessam mais ao consumidor da minha loja? Você pode consultar pesquisas frequentemente publicadas em revistas especializadas do varejo ou por entidades do setor. São os chamados rankings das marcas líderes ou líderes de vendas, ou seja, aquelas mais comercializadas numa determinada região ou no País. Normalmente, essas publicações são gratuitas e podemos consultá-las de forma impressa ou virtual e usá-las como base para a definição de marcas.

Também é possível ter acesso a informações sobre marcas junto aos institutos de pesquisa, como Nielsen, Kantar, GfK, InfoPrice, Scanntech e Shopping Brasil, entre outros. Geralmente, essas empresas cobram pela pesquisa, mas é um investimento válido, porque vai dar um norte para sua decisão de negócio.

É claro que, além das marcas líderes, vale a pena considerarmos outros aspectos e critérios na definição do mix. É fundamental conhecer o cliente, seus hábitos e estilo de vida e saber de quais produtos ele necessita, considerando o perfil do bairro onde a loja está localizada. Depois, verificar os itens que dão melhor margem de lucro, ou seja, produtos rentáveis.

> Neste ponto, gostaria de fazer uma reflexão: lembre-se de que a margem de lucro ou rentabilidade do produto não é a única variável a ser considerada na hora da definição da marca.

Outro ponto fundamental é visitar os concorrentes para saber o que está sendo oferecido e tentar se diferenciar de alguma maneira. Sugestões de fornecedores também podem ser bem-vindas, desde que analisadas pelo varejista.

E assim, vamos construindo um sortimento, contemplando diferentes opções de marcas e preços, desde os mais básicos, passando pelos líderes de vendas e marcas regionais, até opções de alguns produtos *premium* – aqueles que têm um preço acima da média da categoria e oferecem algum diferencial, seja por uma questão de marca, benefício ou outro aspecto (ex: importados).

Case

Acertar a marca faz toda a diferença. Certa vez, o dono de uma pequena loja na região metropolitana de Aracaju (SE), que atende consumidores de baixa renda, passou por uma situação complicada. Ele adquiriu um volume grande de uma marca de creme dental desconhecida por uma condição de preço que considerou excelente. A expectativa, claro, era vender grandes quantidades por um valor extremamente baixo, o que, com certeza, seria um sucesso para o perfil dos clientes com orçamento mais restrito. Era o que ele acreditava.

Mas não foi bem assim. O produto não girava com a rapidez esperada pelo comerciante, que demorou para perceber que o cliente tinha medo de usar um item desconhecido, que poderia, eventualmente, trazer problemas ou poucos benefícios. Já a marca de creme dental mais conhecida pelo consumidor – líder e mais cara – continuava vendendo muito bem.

Resultado: o varejista amargou longo tempo de espera para vender o produto, que, ainda por cima, ocupava um espaço significativo da área de venda e estoque.

Muitas vezes, o varejista pode pensar que as pessoas de baixa renda procuram produtos mais baratos. Nem sempre é assim, pois, por terem pouco dinheiro, as pessoas não podem errar nas suas compras ao escolherem uma marca. Nesse caso, até preferem pagar um pouco mais caro por um produto renomado.

Você já viveu algo parecido?

A situação do varejista de Aracaju traz um aprendizado importante: conheça profundamente seu cliente e desconfie de condições "imperdíveis" oferecidas pelos fornecedores. Saiba quais são as reais necessidades do seu cliente, porque, muitas vezes, um produto que o varejista supõe que é bom ou que o fornecedor diz que é bom não desperta interesse no consumidor. Simples assim. Então, não se esqueça: sempre considere a necessidade e o desejo do consumidor da sua região. Procure informações em pesquisas de mercado para ajudá-lo a compreender seu cliente.

Ao longo dos anos de nossas pesquisas, percebemos que algumas marcas sempre apareciam nas gôndolas de muitas lojas do Mercado de Vizinhança. Por isso, a seguir, apresentamos alguns exemplos de fabricantes e marcas consideradas "queridinhas" do consumidor do Mercado de Vizinhança, segundo pesquisa conduzida pela GfK.

Quadro 1: **Fabricantes campeões de vendas no Mercado de Vizinhança**

HIGIENE E BELEZA	LIMPEZA	BEBIDA	PERECÍVEIS	NÃO PERECÍVEIS	DOCES
Colgate-Palmolive	Unilever	Coca-Cola	BRF	Kraft Foods	Nestlé
Unilever	Ypê	Ambev	G. Lactalis	Bunge	Mondelez
Kimberly-Clark	Reckitt	G. Petróplis	Bunge	J. Macêdo	Fini
Johnson&Johnson	Anhembi	Kraft Foods	Danone	Camil	Bauducco
Santher	Bombril		Italac	G. Lactalis	Gomets
P&G			JBS	Nestlé	Arcor
			Piracanjuba	General Mills	
			Vigor	Sara Lee	
			Nestlé	Cargill	
				Três Corações	
				Kicaldo	
				Melitta	
				Colombo	
				Rosa Branca	

Fonte: Pesquisa Mercado de Vizinhança, da GfK, 2021

As marcas ao lado representam os dados de uma pesquisa nacional, porém, temos de conhecer também as marcas regionais, muito populares em nossa área de atuação.

Para encerrarmos este assunto, vale a pena destacar que as marcas líderes trazem sempre uma conotação de credibilidade junto ao consumidor final. Como consequência, essa credibilidade é estendida para o estabelecimento que comercializa os produtos, ou seja, a própria loja se aproveita da propaganda da marca para trazer ao seu estabelecimento uma imagem de maior notoriedade.

> **Dica:**
> Descubra as marcas renomadas e líderes do mercado, para que você possa incluir os produtos delas em sua loja. Isso é fundamental.

Quais canais utilizar para abastecer a loja

Comprar bem é uma das tarefas mais importantes do varejo, pois está diretamente relacionada à melhoria do mix e à otimização do estoque.

Em muitas conversas com varejistas, notamos que comprar bem é uma atividade fundamental. O gestor gasta muito do seu tempo nela, pois percebe que "comprar bem" significa "vender/lucrar bem".

Portanto, é importante pensarmos sobre quais são os aspectos mais relevantes em relação aos fornecedores, o que valorizamos ou não nesse relacionamento. Quais são as preocupações ou dores ao comprar os produtos para abastecer a loja?

Pela experiência obtida ao longo desses anos, nas pesquisas que realizamos, percebemos que a primeira preocupação do varejista sempre é comprar o produto com o preço mais baixo. Porém, outros critérios devem ser analisados ao negociar com os fornecedores, como, por exemplo:

- Fazer ou não entrega na loja;

- Possuir uma ampla variedade de produtos, para que seja possível comprar mais de uma única vez;

- Oferecer prazo de pagamento adequado ao fluxo de caixa do estabelecimento;

- Dar suporte às vendas, oferecendo serviços adicionais, como: material promocional, *merchandising*, promotores etc.;

- Oferecer cartão fidelidade que possibilite acumular milhagem e fazer trocas por produtos ou descontos nas próximas compras;

- Ter *e-commerce* adequado para agilizar as compras;

- Oferecer atendimento personalizado para dar apoio tanto no momento da compra como quando tiver qualquer divergência em relação aos produtos adquiridos;

- Oferecer a possibilidade de devolução dos produtos por questões de prazo de validade ou itens estragados.

Poderíamos citar outras formas ou características esperadas dos fornecedores, porém, os exemplos acima são os que mais representam as preocupações do gestor do varejo.

Em relação aos canais utilizados, as lojas do Mercado de Vizinhança compram, principalmente, de distribuidores e atacadistas – que são a ponte entre a indústria e o pequeno varejo – e fornecem os mais variados tipos de produtos (bebidas, mercearia, limpeza, refrigerados etc.).

É interessante observar que, em alguns momentos, o varejista faz a compra via distribuidora e acha que está tendo um relacionamento direto com o fabricante. Isso acontece porque existem os chamados distribuidores exclusivos, que representam determinadas indústrias. Por isso, há essa sensação de estar negociando com a própria indústria.

As principais vantagens de comprar de distribuidores são a variedade de produtos e a entrega rápida na loja. Alguns distribuidores oferecem também serviços de merchandising e promotores de vendas. Já o principal benefício de comprar de um atacadista é a disponibilidade rápida de produtos, evitando a necessidade de ter estoques grandes.

Em relação à frequência do abastecimento, sabemos que em mais da metade (54%) das lojas de vizinhança isso acontece semanalmente (de uma até três vezes por semana) e conforme a necessidade de reposição, segundo levantamento da GfK.

É comum um vendedor ou representante do fornecedor visitar a loja com determinada frequência para tirar o pedido, mas isso já começa a mudar. Segundo estudo da GfK, em 2021, um terço dos PDVs do Mercado de Vizinhança compraram (mesmo que em pouca quantidade) no canal *on-line*, atraídos, principalmente, por comodidade e vantagens financeiras, como preços acessíveis e descontos. Pelo canal digital, os pequenos varejistas já podem comprar quase todas as categorias.

> **Dica:**
> Faça uma lista de seus fornecedores atuais e anote quais são as vantagens e as desvantagens de comprar com eles. Essa reflexão ajudará a definir melhor seus fornecedores ideais e se deveria repensá-los.

A compra digital para abastecer o estoque teve impulso depois da pandemia do coronavírus (2020), quando observamos o surgimento de várias plataformas B2B *on-line* em que o varejista pode comprar do atacadista, do distribuidor e até mesmo da indústria. A vantagem do ambiente *on-line* é a praticidade de fazer compras a qualquer hora, com a facilidade de usar diferentes formas de pagamento.

A Associação Brasileira de Atacadistas e Distribuidores de Produtos Industrializados (Abad), por exemplo, criou o *marketplace* Abastece.bem (www.abastecebem.com.br), em que o pequeno e o médio varejistas podem comprar de distribuidores e atacadistas conectados à plataforma e, assim, repor seu estoque de maneira fácil e rápida. Outra plataforma focada no pequeno comerciante é a Compre Agora (www.compra-agora.com), ligada a uma das maiores indústrias de bens de consumo, a Unilever. A

Ambev, a Johnson&Johnson e a Mondelez[1] também possuem plataformas que ajudam a automatizar as compras e compartilhar informações para uma gestão mais assertiva do mix.

Alguns distribuidores já criaram suas plataformas, como é o caso do Grupo Pereira, que, para algumas regiões, pode atender via compra *on-line* (www.bateforte.com.br).

Outro canal que atrai cada vez mais o pequeno varejista é o atacarejo, também conhecido como *cash & carry*, atacado de autosserviço ou atacadista sem entrega. O atacarejo facilitou o abastecimento do pequeno varejo e avançou na venda direta ao consumidor final. Em 2022, 69% dos lares brasileiros compraram no atacarejo pelo menos uma vez, segundo pesquisa da Nielsen IQ[2]. Isso significa que, em certa medida, o atacarejo se tornou não apenas uma fonte de abastecimento, mas um concorrente do Mercado de Vizinhança, disputando o bolso do cliente final.

O *cash & carry* é um formato que vem ganhando força no mercado nacional, nos últimos anos, com a abertura de lojas em várias cidades de todo o País, a ampliação das categorias oferecidas e das formas de pagamento, passando a aceitar, inclusive, cartão de crédito. Por isso, faz todo o sentido para o pequeno varejo abastecer sua loja no atacarejo, reduzindo, consideravelmente, as compras no hiper/supermercado.

Para o pequeno comerciante, as vantagens do atacarejo são os preços baixos e o fato de não precisar ter um estoque grande – se acabar um produto, é fácil ir até o atacarejo mais próximo e reabastecer a gôndola. Isso é importante na medida em que a área

---

1. Disponível em: https://www.savarejo.com.br/detalhe/reportagens/tres-grandes--fornecedores-e-suas-novas-estrategias-para-atender-pequenos-e-medios. Acesso em: 02 fev. 2023.

2. Revista da Associação Brasileira dos Atacarejos (Abaas), n.15, p.39, out./nov. 2022. Disponível em: https://abaas.com.br/revista-15. Acesso em: 02 fev. 2023.

destinada ao estoque dos produtos na loja de vizinhança vem diminuindo ao longo do tempo e se tornando área de vendas.

No Brasil, temos diversos atacarejos grandes, como: Atacadão, Assaí, Tonin, MartMinas, Maxxi Muffato, Gigante, Comprão, Tonin, Fort Atacadista, Spani, Stock, Tenda etc.

> **Dica:**
> Será que não vale a pena já termos fornecedores com plataformas *on-line*, que possam nos ajudar a diminuir o tempo de compra dos produtos?

Qual o sonho do varejista perante seu fornecedor?

Em nossas pesquisas, percebemos que os principais desejos do gestor do Mercado de Vizinhança são ser atendido diretamente pela indústria e ser mais valorizado pelos fabricantes. A principal razão para isso é a questão do preço, pois ele imagina que o produto chegará mais barato às gôndolas se vier diretamente dos fabricantes. Porém, isso é inviável aos olhos da maioria dos fabricantes, que preferem manter parcerias com distribuidores e atacadistas para fazer com que seus produtos cheguem ao maior número possível de estabelecimentos com preço acessível. Caso os fabricantes decidissem montar uma estrutura própria e pulverizada de distribuição de produtos, os custos seriam muito altos, impactando no preço final oferecido ao consumidor.

Em uma pesquisa feita pela GfK, os pequenos varejistas listaram as principais vantagens percebidas nos diferentes fornecedores. É claro que o preço baixo sempre foi um diferencial esperado de qualquer fornecedor, mas há outros benefícios. Veja a seguir:

Infográfico 1 - **Vantagens dos canais onde o Mercado de Vizinhança se abastece**

O Mercado de Vizinhança valoriza seus Fornecedores, porém, com alguns diferenciais

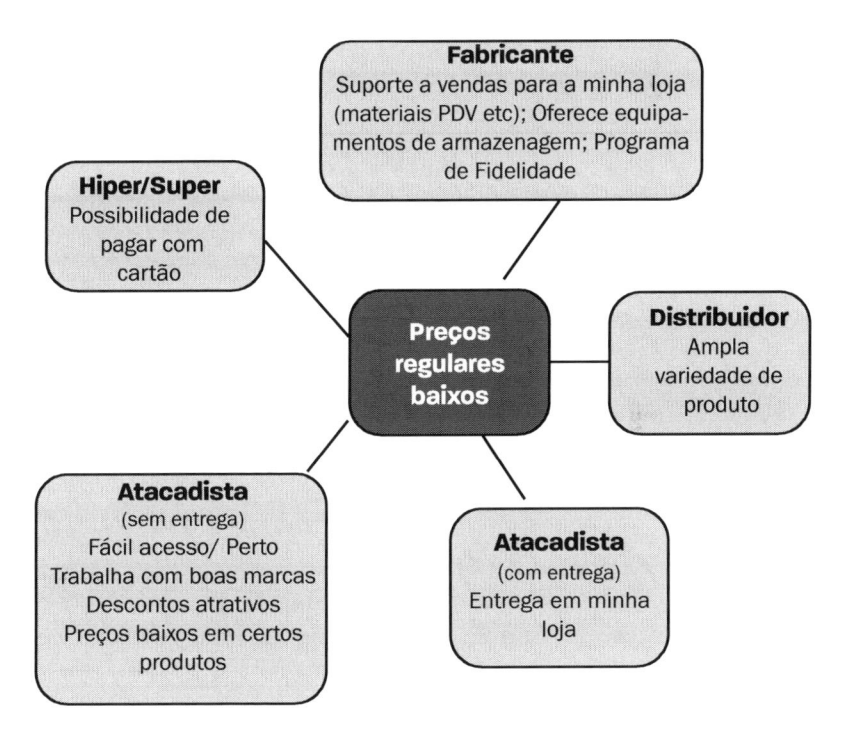

Fabricante
Suporte a vendas para a minha loja (materiais PDV etc); Oferece equipamentos de armazenagem; Programa de Fidelidade

Hiper/Super
Possibilidade de pagar com cartão

Preços regulares baixos

Distribuidor
Ampla variedade de produto

Atacadista
(sem entrega)
Fácil acesso/ Perto
Trabalha com boas marcas
Descontos atrativos
Preços baixos em certos produtos

Atacadista
(com entrega)
Entrega em minha loja

Fonte: Estudo Mercado de Vizinhança, da GfK, 2021.

E você, em qual canal prefere abastecer sua loja?

É interessante notar que ocorre uma certa segmentação dos canais, conforme as categorias adquiridas pelas lojas do Mercado de Vizinhança. A categoria bebida alcóolica, por exemplo, normalmente é atendida por um distribuidor, pois é a forma estabelecida pela própria indústria. Já nos casos de higiene e beleza e bazar, tanto o distribuidor como o atacadista são fontes utilizadas com frequência. O atacado é o canal ideal para itens de mercearia.

Dissemos acima que, de maneira geral, o Mercado de Vizinhança não compra diretamente da indústria. Mas, para toda regra, há uma exceção. No caso de FLV (frutas, legumes e verduras), o pequeno comércio compra diretamente do produtor rural. Como se trata de produto perecível, a proximidade com o fornecedor local é fundamental para evitar perdas. Também percebemos que a compra de carne, principalmente se a loja tem açougue, provém de um produtor local ou mais próximo do estabelecimento.

Na categoria salgadinhos, um exemplo interessante é o da Pepsico (dona de marcas como Elma Chips, Cheetos e Ruffles), que vende diretamente ao lojista e tem um forte relacionamento com as lojas pequenas. Isso também ocorre com outras indústrias menores dentro dessa categoria.

Dica: Defina os fornecedores conforme os canais que achar mais adequados para o abastecimento, facilitando o processo de compras futuras.

Relacionamento com fornecedores

A relação comercial com os fornecedores tem mudado de forma significativa ao longo do tempo. Antigamente, pensávamos apenas numa questão de fornecedor e comprador distante; agora, na realidade, temos de pensar numa relação ganha-ganha entre varejo e fornecedor. Isso significa que precisamos trabalhar para que os dois lados tenham benefícios numa relação comercial.

No relacionamento com os fornecedores, os principais atributos que os comerciantes do Mercado de Vizinhança consideram são a entrega de produtos em boas condições e no prazo combinado. Estamos nos referindo ao básico de uma relação comercial, porém, ao recebermos um serviço diferencial, pode pesar na balança escolher o fornecedor.

Vale a pena ressaltar que, dentro das categorias, é vantagem que os fornecedores ofereçam um mix de marcas com produtos de alto giro. Como apresentamos no capítulo 1, os olhos do consumidor guiam a montagem da loja. Assim, o fornecedor também deve ter um mix de marcas para que o Mercado de Vizinhança possa se apoiar nesse conceito, oferecendo o que o cliente final deseja.

Um grande diferencial é quando o fornecedor traz novidades ou inovação ao mix de produtos, baseado em dados confiáveis de giro, *market share*, competitividade etc., apoiando o Mercado de Vizinhança para que possa crescer ao longo do tempo. O varejista valoriza muito esse tipo de suporte.

Além disso, o lojista gosta de receber suporte para vendas, como um expositor, promotor ou repositor. Quando um fornecedor oferece esse tipo de serviço, mesmo que de forma temporária, os lojistas têm boa receptividade, pois é uma mão de obra extra para colaborar na loja e "empurrar vendas".

Gerenciamento por categoria

O pequeno varejista precisa de apoio para definir o que vai colocar na gôndola e em qual proporção. Nesse sentido, os fornecedores podem ajudá-lo, por meio do Gerenciamento por Categoria (GC).

Mas o que é GC?

Recorro à definição de uma das especialistas brasileiras no assunto, Fátima Merlin (ano, p.45)[1]: "GC é uma ferramenta de gestão, que tem como base a parceria do varejista e fornecedor para definir categorias de produtos conforme a necessidade que atendam. Tem como objetivo aumentar as vendas e a lucratividade".

Portanto, o GC é a forma de dispor os produtos nas gôndolas de modo que o cliente consiga encontrar aquilo que mais lhe interessa (produto ou marca) de forma simples e fácil. Isso ajuda a vender mais e evita a ruptura.

Grandes ou médios varejistas têm equipes dedicadas ao GC. Mas, no pequeno varejo, muitas vezes, o GC é fruto de um relacionamento com o fornecedor, especialmente os distribuidores. Na nossa vivência, vemos que alguns distribuidores começam a apoiar as lojas de vizinhança nesse aspecto. Esses distribuidores têm capacidade de analisar melhor as condições e as potencialidades das lojas atendidas, tanto em termos de sortimento quanto de preço. Esses dados são provenientes de pesquisas, estudos e levantamentos que o próprio distribuidor possui ou adquire de terceiros para que possa oferecer cada vez mais informações adequadas para a tomada de decisão.

---

1. MERLIN, Fátima. Shoppercracia. São Paulo: Poligrafia Ed., ano 2017. p.45.

Para se ter uma ideia, conforme alguns autores, o GC pode ser sustentado por diversas informações de mercado, tais como:

a) **Market share:** diversos institutos ou associações divulgam o ranking dos itens mais vendidos e a participação ou fatia da marca no mercado;

b) **Positivação:** dados de pesquisas (ex: Nielsen, Horus, InfoPrice, Scanntech, GfK etc.) também informam os itens com maior presença nas gôndolas dos estabelecimentos. A partir dessa informação, é possível saber se a concorrência já está oferecendo esses produtos;

c) **Volume negociado:** esta é a informação mais difícil de obter, mas que os fornecedores podem adquirir por meio de empresas que têm dados transacionais (Ex: IBPT, Empresômetro). Algumas lojas já conseguem olhar seus próprios dados (por meio do tíquete) fazendo análises internas de vendas e, principalmente, quando têm cartão fidelidade e sabem dados dos cadastros dos clientes, como o endereço;

d) **Tipo de embalagem:** esta é uma variável importante no GC. No caso da categoria cervejas, por exemplo, é relevante saber se as vendas estão ocorrendo nas latas de 350ml ou 473ml. Também podemos nos deparar com situações em que a embalagem retornável ganha um valor relevante no mercado e exige que o varejista se adapte ao poder reservar um controle de estoque para os vasilhames;

e) **Rentabilidade:** é muito importante controlar a rentabilidade dos itens vendidos. Apesar de sabermos que o "cliente sempre tem razão", não podemos vender produtos que não apresentem um retorno minimamente razoável. Normalmente, esse tipo de índice tem de ser extraído das próprias transações feitas no estabelecimento.

O GC é um tema cheio de particularidades e amplamente estudado há, pelo menos, três décadas. Há um vasto material produzido por acadêmicos, consultores e profissionais especializados. Por ser um assunto tão explorado, nosso objetivo, neste livro, não é apresentar detalhes sobre o GC, mas alertar você, pequeno empreendedor, a buscar aprimoramento sobre esse conteúdo, com o apoio dos distribuidores parceiros de sua loja.

Ranking dos melhores fornecedores

No Brasil, há uma grande quantidade de atacadistas e distribuidores, por causa do nosso imenso território. Inclusive, muitas empresas têm atuação especializada em determinada região. Apenas por curiosidade, aproveitamos para apresentar essa diversidade de fornecedores existentes no mercado, de acordo com estudo da Associação Brasileira de Atacadistas e Distribuidores (Abad), que, há alguns anos, realiza uma pesquisa para eleger os melhores atacadistas e distribuidores em cada Estado na visão do pequeno varejo.

Nesse levantamento, os varejistas avaliam os fornecedores em vários aspectos: relacionamento, atendimento, preço, prazo de entrega, qualidade dos produtos oferecidos, entre outros. De maneira geral, percebemos que os varejistas estão bastante satisfeitos com os atacadistas e distribuidores que existem atualmente.

A seguir, confira os melhores atacadistas e distribuidores eleitos pelo pequeno varejo, segundo a pesquisa da Abad em parceria com a TTL Experience[1].

Melhor atacadista distribuidor nacional: **Atacadão**

---

1. Disponível em: https://abad.com.br/eventos-do-setor/abad-premia-os-melhores-atacadistas-e-distribuidores. Acesso em: 02. fev. 2023.

Quadro 2 - **Melhores atacadistas distribuidores estaduais**

Acre	Hernandes Acre
Alagoas	Big Distr. de Alimentos
Amapá	E.S.M. Dias – Timbiras
Amazonas, Bahia, Maranhão e R.G. do Sul	Grupo Martins
Ceará Distrito Federal, Goiás e Tocantins	J. Sleiman & Cia. JC Distribuição e Logística
Espírito Santo	Unimarka Distribuidora
Minas Gerais	Decminas Distribuição e Logística
Mato Grosso	Atacado Bate Forte
Mato Grosso do Sul	Distr. de Alimentos Francisco Ikeda
Pará	Econômico Comércio de Alimentos
Paraíba	Nordece – Nordeste Repres. e Distr.
Paraná, Santa Catarina e São Paulo	Destro Macroatacado
Pernambuco	Frinscal – Distrib. e Imp. de Alimentos
Piauí	Medeiros Frios e Congelados
Rio de Janeiro	Zamboni Comercial
Rio Grande do Norte	Riograndense Distr. de Alimentos
Rondônia	Coimbra Import. e Exportação
Roraima	Parima Distribuidora
Sergipe	Andrade Distribuidor

Fonte: Abad/TTL Experience

Prepare-se para negociar com o fornecedor

Ter sucesso em uma negociação é o que todo gestor busca, certo? A habilidade de negociar preços mais competitivos, melhores prazos de entrega e condições de pagamento pode ser desenvolvida ou aperfeiçoada seguindo algumas orientações:

- Faça um planejamento antes da negociação. Verifique o estoque para levantar as quantidades que, de fato, precisam ser adquiridas e estabeleça previsões, pensando nas épocas de mais vendas e datas sazonais. O objetivo é evitar compras em excesso e, assim, não comprometer o fluxo de caixa. Ao se planejar com antecedência, você se sentirá mais seguro na hora da negociação;

- Não deixe as compras para última hora, porque você corre o risco de o fornecedor não ter a quantidade de produtos disponíveis, nem entregar no prazo que você necessita;

- Defina metas, valores, prazos e outras condições que sua loja pode aceitar sem ser prejudicada. Para cada negociação, verifique quais vantagens são mais interessantes para o seu negócio – às vezes, pode ser um desconto; às vezes, pode ser um prazo de entrega mais curto;

- No momento da negociação, procure se comunicar de forma clara, apresentando suas metas e conduzindo a conversa para um fechamento positivo. Seja flexível;

- Construa e mantenha um bom relacionamento com os fornecedores. Fazendo os pedidos com frequência, você tem mais garantias de conseguir melhores preços e prazos.

Fontes consultadas para elaboração do box: Sebrae e ACSP. Disponível em: https://sebraeseunegocio.com.br/artigo/negociar-com-fornecedores e https://acsp.com.br/publicacao/s/5-dicas-para-comprar-bem-aprenda-a-negociar-com-fornecedores. Acesso em: 02 fev. 2023.

Resumindo os aprendizados

✓ Ao pensar nas marcas que serão oferecidas aos consumidores, é preciso considerar as mais conhecidas ou líderes em suas categorias;

✓ Conhecer as marcas líderes é fruto de estudo e aprofundamento em diversas fontes de informações disponíveis no mercado;

✓ Devemos conhecer os diferentes canais ou fornecedores para adquirir os produtos. Tenha alguns fornecedores preferenciais para agilizar e facilitar as compras;

✓ O relacionamento com fornecedores é fundamental numa parceria ganha-ganha para ter sustentabilidade financeira ao longo do tempo;

✓ Ao escolher os principais fornecedores – ou seja, atacadistas e distribuidores –, vale a pena consultar publicações especializadas no varejo e investir no relacionamento com aqueles que têm maior credibilidade no mercado;

✓ Considerar fazer as compras através de plataforma *on-line* dos fornecedores, para facilitar seu processo de compra;

✓ O Gerenciamento por Categoria (GC) é uma forma de olhar os produtos que estão na loja com dados e informações que o próprio varejista pode conseguir com apoio dos fornecedores.

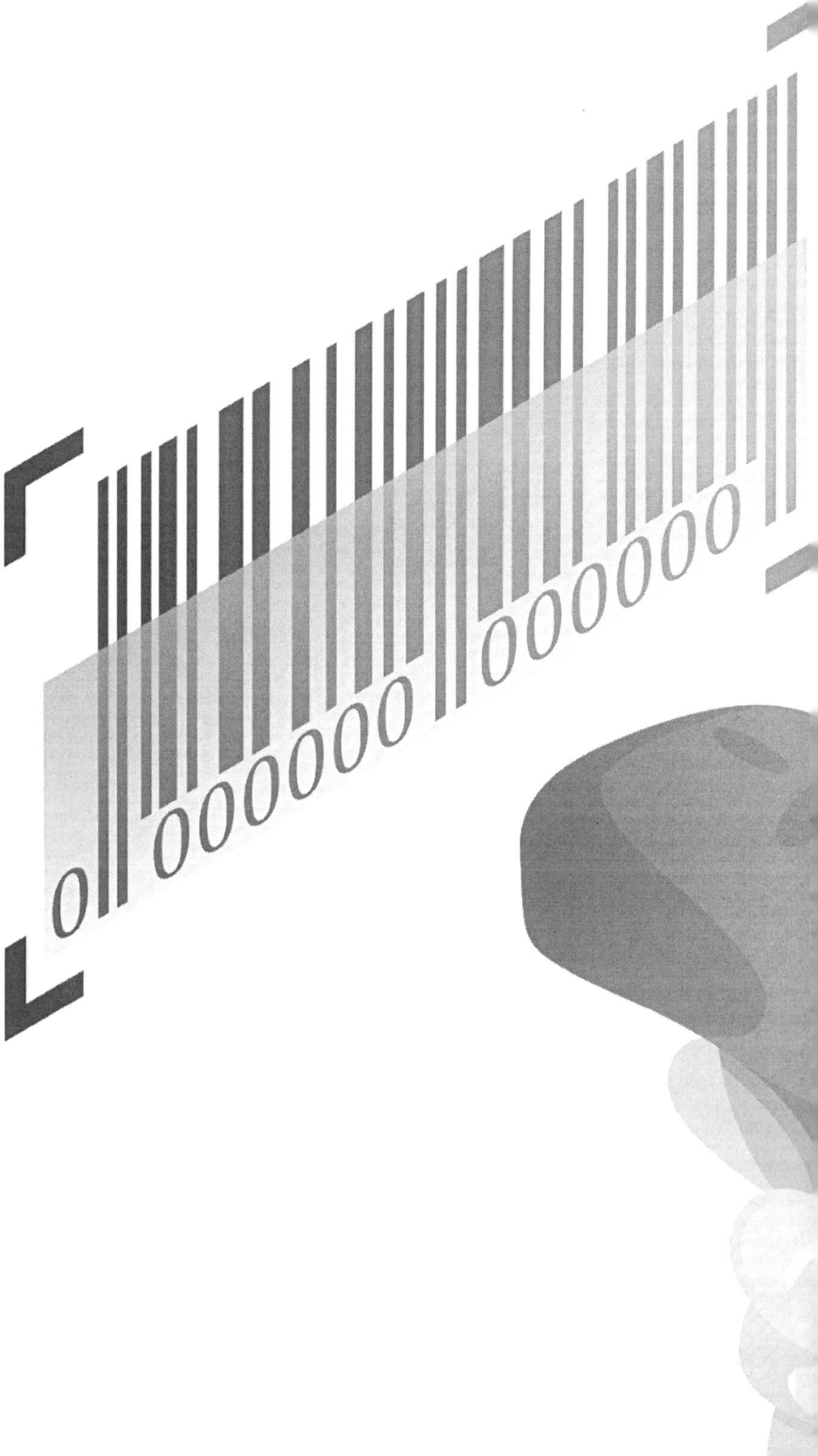

CAPÍTULO 3

COMO PRECIFICAR: GESTÃO DE PRECIFICAÇÃO

As decisões sobre precificação são vitais para os varejistas, pensando no crescimento sustentável do negócio ao longo do tempo. O preço final dos produtos comercializados deve ser suficiente para trazer receita para o estabelecimento, cobrir os custos e gerar lucro – isso faz a empresa continuar funcionando no futuro. O ideal é trabalharmos com alguns modelos de precificação para chegarmos ao preço mais correto, ou seja, meios que nos ajudem a chegar, de forma mais eficaz, aos resultados almejados. É sobre esse tema que vamos tratar neste capítulo.

Para começar, vamos falar do passo mais importante na hora da precificação: entender o fluxo de caixa da loja.

Fluxo de caixa:
controlando o que entra e sai de dinheiro

O fluxo de caixa é a maneira de controlar as entradas e as saídas do estabelecimento em um determinando período. A partir dele, é possível ter uma visão da movimentação financeira para saber como aplicar o dinheiro da maneira mais adequada. Além disso, esse controle é fundamental para a gestão da precificação e para saber se estamos ou não ganhando dinheiro no nosso comércio.

A seguir, apresentamos um exemplo de fluxo de caixa de uma loja com receita bruta de R$ 2 milhões por mês. Os dados da tabela devem servir para pensar nos custos, identificar cada um deles e controlá-los ao longo do tempo. Com isso, é possível apoiar as decisões financeiras de maneira estratégica.

Esse modelo de fluxo de caixa está disponível em várias plataformas na internet ou nos exemplos dados pelo Excel. Com isso, podemos criar nossa própria planilha interna, seguindo as prerrogativas que temos dentro do estabelecimento.

As taxas e os impostos citados na tabela são apenas exemplos de operações que podem acontecer na loja. Porém, dependendo de cada atividade econômica ou do faturamento, eles variam de forma bastante significativa. Então, vale a pena consultar o contador para saber exatamente o que impacta no negócio. Esse ponto é muito importante, pois, se não pagarmos corretamente todos os impostos e taxas, poderemos ter problemas futuros com entidades governamentais, afetando a empresa.

Quadro 3 - **Exemplo de fluxo de caixa**

Mercado de Vizinhança Fluxo de Caixa		
Receita Bruta	R$ 2.000.000,00	15,00%
Impostos sobre vendas	R$ 300.000,00	
Receita Líquida	**R$ 1.7000.000,00**	
CustosProdutos/ Fornecedores	R$ 1.050.000,00	52,50%
Lucro Bruto	R$ 650.000,00	
Custos Fixos	R$ 300.000,00	
Aluguel/ Local/IPTU/etc.	R$ 100.000,00	5,00%
Energia/ Água	R$ 150.000,00	7,50%
Despesas bancárias/ juros	R$ 20.000,00	1,00%
Reformas/ consertos	R$ 15.000,00	0,75%
Equipamentos / Consertos	R$ 15.000,00	0,75%
Custos Variáveis	R$ 305.000,00	15,25%
Mão de obra	R$ 170.000,00	8,50%
Tributos c/ Mão de obra	R$ 60.000,00	3,00%
Despesas com vendas	R$ 30.000,00	1,50%
Automóvel/Combustível	R$ 30.000,00	1,50%
Outras despesas	R$ 15.000,00	0,75%
Lucro Líquido	R$ 45.000,00	0,25%
Contrib. Social /Imp. Renda	R$ 7.500,00	0,38%
Reserva Seguro/ Invest.	R$ 15.000,00	0,75%
Pró-labore/ Acionista	R$ 10.000,00	0,50%
Resultado final do Exercício	**R$ 12.500,00**	
%		**0,63%**

Fonte: Elaborada pelo Autor, 2023

Veja que, na tabela, incluímos as principais despesas do estabelecimento, além de indicar valores para uma reserva de seguro e investimento em inovações. Nos custos bancários, estão inclusos, principalmente, os gastos com vendas por cartão de crédito, débito, voucher etc.

Pensando na precificação, vale ressaltar que os Custos dos Produtos devem chegar perto de (ou, no máximo!) 50% da receita – no modelo, até ultrapassam um pouco, atingindo 52,50%. Esse ponto é importante para se calcular o pró-labore. Ainda no exemplo acima, de forma muito simplificada, vamos multiplicar os Custos dos Produtos por quase dois para chegar a um pró-labore mensal de R$ 10 mil e Lucro Final do Exercício quase zero. Portanto, qualquer produto que venha a ter um problema de precificação, ao longo do tempo, pode afetar o resultado financeiro diretamente.

Na precificação, é fundamental ter a visão financeira total da empresa, para tomar uma decisão sobre os preços que serão aplicados na loja. Neste exemplo, deveríamos multiplicar por duas vezes o custo de compra de todos os produtos para ter o preço de repasse ao consumidor, o que não parece uma estratégia tão saudável para nossas vendas e precificação.

ATENÇÃO:
Sua loja tem um fluxo de caixa detalhado?

Converse com seu contador ou com pessoas do mesmo ramo de varejo para que você possa construir o fluxo de caixa da melhor forma possível, utilizando ao máximo as premissas para que ele seja fiel às entradas e saídas de dinheiro do seu estabelecimento.

Mais do que ter um Demonstrativo de Resultados do Exercício (DRE), vale a pena ter o fluxo de caixa, pois o dia a dia da operação é muito mais próximo do fluxo do que do DRE.

Alguns conceitos básicos, mas relevantes

Vamos, agora, entender um conceito fundamental: a Receita Bruta Total, isto é, o valor total das vendas de uma empresa durante um determinado período de tempo, sem dedução dos impostos e demais descontos que possam ser aplicados. É a soma de todas as vendas realizadas, incluindo vendas à vista e a prazo, devoluções e cancelamentos.

A Receita Bruta Total é um indicador importante para avaliar o desempenho financeiro de uma empresa, porque reflete a capacidade da empresa gerar receitas a partir de suas atividades comerciais. É um indicador relevante tanto para fins contábeis como fiscais, pois é utilizado para calcular os impostos a ser pagos, como o Imposto de Renda e a Contribuição Social sobre o Lucro Líquido (CSLL), por exemplo.

Podemos ilustrar esse conceito da seguinte maneira:

Receita Bruta Total = ou > Custo Fixo + Custo Variável + (Impostos/Taxas) + Lucro Final

É importante destacar que do Lucro Final saem o pró-labore do gestor (ou seja, o salário para bancar a vida pessoal e familiar), o valor para cobrir eventuais riscos do negócio (ex: ação trabalhista, perdas, roubos etc.) e os dividendos dos sócios (se houver).

ATENÇÃO:
Não confundir seus gastos pessoais ou familiares com os custos fixos ou variáveis do seu estabelecimento.

Para um varejista, temos, de forma simples:

RECEITA = preço por unidade x quantidade vendida

Dicionário

Receita: valor recebido, arrecadado ou apurado;

Lucro Bruto: resultante da Receita Bruta menos Impostos/Taxas pagos às entidades governamentais;

Custo: quantia com que se adquire algum bem ou serviço;

Custo Fixo: é aquele que não se altera ao vender mais ou menos produtos;

Custo Variável: acompanha as variações ocorridas nas Receitas;

Imposto: contribuição monetária devida por pessoas físicas ou jurídicas aos Estado; tributo; ônus. Existem Impostos/Taxas nas três esferas públicas: Federal, Estadual e Municipal (tome cuidado!);

Lucro: ganho durante uma operação comercial ou no exercício de uma atividade econômica. Assim, o Resultado Final do Exercício é o que, efetivamente, vai sobrar no caixa da empresa.

Conforme o estabelecimento vai crescendo, as fórmulas ou premissas podem ser alteradas ao longo do tempo. Temos de estar sempre atentos a todas as variações.

> **Dica:**
> Sempre consulte um contador ou especialista no assunto!

Vamos conversar sobre precificação?

Este livro não tem a intenção de detalhar informações referentes a tributos, custos e lucros, mas, sim, de ajudar a pensar a melhor forma de obter uma renda mais adequada para pagar todos os custos previstos no fluxo de caixa. Para isso, daremos sugestões e ideias para colocar o melhor preço possível nos produtos que serão comercializados.

Se tiver interesse em se aprofundar nesse assunto, consulte o livro *Gestão de Pricing: Precificação Estratégica e Rentabilidade*, de Leandro Oliveira, que faz parte da *Coleção Varejo em Foco* (Poligrafia Ed.).

Ao longo desses vários anos de estudo com os pequenos varejistas, sabemos que eles vendem uma grande quantidade de itens (SKUs) – uma loja com um *checkout* trabalha, em média, com 2.450 itens e um estabelecimento com dois checkouts vende 6.200 SKUs, por exemplo. Por isso, é importante ter um sistema simples e fácil de precificação. Veremos alguns pontos essenciais na gestão de precificação.

Conforme aprendizado em campo, ao conversar com muitos varejistas, percebi que a maioria mantinha uma margem fixa que embutia no custo das categorias dos produtos, por exemplo:

a. **Bazar:** margem fixa perto de 50%;
b. **Mercearia:** margem média de 30%;
c. **Limpeza/higiene:** margem perto de 30%;
d. **Bebidas:** margem perto de 20%.

Apesar de esse sistema ser feito de forma simples, acionável, prática e rápida, tentaremos mostrar, a seguir, algumas peculiaridades que podem diferenciar sua loja dessa metodologia padronizada, tão usual nos dias de hoje.

Produtos Notáveis: sua loja depende deles!

Existem vários produtos de consumo que são chamados de "Notáveis", isto é, que tiveram (e ainda continuam tendo!) grande impacto na cultura popular e são reconhecidos pela grande maioria das pessoas.

No Mercado de Vizinhança, estamos falando de produtos como Coca-Cola, OMO, leite condensado Moça, Guaraná Antarctica, Nescau, Havaianas, Sonho de Valsa, barra de chocolate Garoto, alguns FLV (frutas, verduras e legumes, como banana, tomate, cebola e alface), picanha, cerveja Skol/Brahma/Heineken, pão francês, multiuso Veja e detergente Ypê, além de vários outros. São itens fáceis de ser visualizados em qualquer gôndola, por seu tamanho, cor, forma de exposição, cheiro etc. e que têm alto giro de vendas.

Quando estamos numa economia estável, as pessoas têm uma percepção mais aguçada dos preços, principalmente dos produtos notáveis. Ou seja: o consumidor se lembra facilmente do preço desses itens.

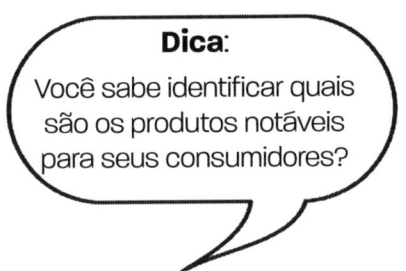

> **Dica:**
> Você sabe identificar quais são os produtos notáveis para seus consumidores?

Na precificação, é importante levar em consideração os custos fixos, os custos variáveis e a margem, além de pensar no volume vendido, isto é, produtos que têm maior giro podem ter uma precificação diferenciada dos demais itens.

Porém, diante dos **produtos notáveis**, precisamos de uma estratégia bem diferenciada das demais mercadorias, isto é, estabelecer um preço menor (logo, uma margem menor) para aqueles itens que são importantes para o consumidor, porque servem como um atrativo para chamá-lo à loja.

Como os consumidores têm uma percepção apurada do preço médio desses produtos, seria importante ter valores extremamente competitivos para eles também. É por meio do preço médio dos produtos notáveis que o consumidor consegue estabelecer uma relação de precificação do estabelecimento, ou seja, ele entende se a loja é mais ou menos cara que as demais que já visitou.

Portanto, nossa recomendação é que os produtos notáveis tenham uma margem menor, para que possam ser competitivos com o mercado de uma forma geral.

> **Dica:** Os produtos notáveis precisam ter preços competitivos com os concorrentes

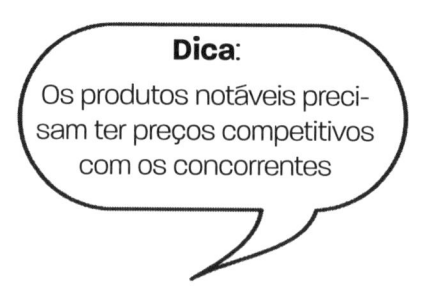

Como identificar categorias que podem ter um preço mais alto e outras que estarão em linha e/ou abaixo do mercado

Alguns fatores podem ser levados em consideração na construção da precificação de uma loja. É importante destacar que a precificação deve ser estratégica e buscar equilibrar a margem de lucro com a competitividade de mercado e a percepção de valor dos clientes.

Vamos conhecer as várias possibilidades:

- O preço de **margem "quase" zero** pode ser uma estratégia para atrair clientes para a loja, principalmente se o produto em questão for um item de grande procura e que possa gerar vendas complementares;

- **Seguir os preços dos concorrentes** é uma opção quando se trata de produtos com baixa diferenciação entre as marcas, como cerveja ou refrigerante. Nesse caso, é importante fazer uma pesquisa de mercado, para não ficar muito acima ou abaixo do preço médio praticado pelos concorrentes;

- O **preço sazonal** pode ser uma boa estratégia para produtos que têm maior demanda em determinadas épocas do ano, como cerveja/sorvete no verão e vinho no inverno. É importante ajustar a precificação, para garantir uma margem de lucro satisfatória;

- Preços de **margem fixa**: neste caso, o valor é definido por um percentual acima do custo pago pelo produto, sem alteração ao longo do tempo;

- O **preço pela Curva ABC** é uma estratégia que divide os produtos em categorias, de acordo com sua relevância nas vendas, permitindo ajustar a precificação ao potencial de vendas de cada uma delas:

  - ✓ Produtos A: perto de 10% dos principais itens que representam 70% das vendas;
  - ✓ Produtos B: mais de 20% dos itens que representam 20% das vendas;
  - ✓ Produtos C: quase 70% dos itens que representam 10% das vendas;
  - ✓ Podemos ter uma margem diferenciada para cada um deles, para ser mais competitiva e atrair os clientes.

- No caso dos preços de produtos perecíveis, é importante dar atenção especial, pois é uma categoria (principalmente FLV) que atrai os consumidores para a loja de vizinhança. Ficar atento ao prazo de validade, que é curto, e considerar o custo de perda do produto;

- **Preço pela percepção da loja e serviços oferecidos**: o consumidor está disposto a pagar mais se perceber um diferencial de serviços. Entregar os produtos na casa do cliente, por exemplo, faz muita diferença e gera fidelidade, pois concorre diretamente com vários serviços de entregas que existem em grande quantidade nos dias de hoje. Uma loja limpa e clara atrai os consumidores e até pode apoiar um preço diferenciado. Além disso, estacionamento é algo bem valorizado, ainda mais nos grandes centros urbanos. A possibilidade de "vender fiado", com a caderneta, também é outro atrativo.

> **Dica:**
> Com as sugestões acima, pense melhor como você define sua precificação.

Como acompanhar a precificação no mercado

Muitos varejistas têm um sistema de informação para acompanhar os preços dos concorrentes ou, pelo menos, ter uma referência da região onde atuam.

Existem duas formas de conseguir informações atuais de mercado:
1. Comprando dados de empresas de pesquisa de mercado ou similares;
2. Fazendo sua própria pesquisa.

Se a solução for comprar pesquisas prontas, há empresas que conseguem boa performance e capilaridade das informações, o que é fundamental, porque mostra dados próximos à região onde o varejista está localizado. É necessário fazer uma assinatura para acessar esses dados.

Empresas como Shopping Brasil, InfoPrice, Scanntech e Horus têm um volume consistente de dados prontos para vender que podem ajudar na precificação. Basta negociar a região de atuação e o que se pretende acompanhar nos serviços oferecidos, porque essas empresas normalmente oferecem outros serviços além de *pricing*.

Já se você preferir fazer a própria pesquisa de preços, é importante conhecer alguns pontos para se planejar bem:

a) **O que medir:** somente preço ou outras variáveis como visibilidade no PDV, espaço em gôndola de alguns produtos, material promocional etc.;

b) **Onde medir:** definir quais lojas pretende acompanhar. É fundamental ter certeza de quem são seus concorrentes ou referências de mercado;

c) **Frequência:** a periodicidade com que se pretende fazer a pesquisa para conseguir comparar as informações e saber o plano de ação a cada coleta de dado;

d) **Produtos que serão pesquisados:** é fundamental definir um conjunto de dados importantes para o consumidor final que você possa comparar ao longo do tempo. Os itens escolhidos serão os mais relevantes e servirão de base para atualizar a precificação dos demais produtos.

A pesquisa pode ser realizada pelos funcionários, atuando como "espiões" nas lojas concorrentes, ou por um instituto que já tem seus pesquisadores e maneira de processar os dados e entregar as informações. De todo modo, o importante é que os dados sejam utilizados e inseridos em um sistema da loja, para que a precificação possa ser feita da forma mais automática possível.

Existem outros jeitos simples e baratos de fazer pesquisa de preços. Aqui vão algumas sugestões:

• Pesquise *on-line*: utilize sites de comparação de preços, como Buscapé, Zoom e JáCotei, entre outros. Alguns supermercados e lojas também possuem suas próprias plataformas virtuais, o que pode ser uma boa opção para pesquisar preços;

• Em alguns Estados, o Governo Estadual disponibiliza um aplicativo de preços mais em conta, que pode servir de fonte de informação (ex: app Menor Preço, no Paraná);

- **Peça opiniões:** pergunte a amigos e familiares onde costumam comprar os produtos que você está pesquisando e quanto pagam por eles;
- **Use aplicativos:** existem aplicativos de descontos e cupons que podem ajudar a encontrar os melhores preços, como Cuponomia e Meliuz;
- **Procure analisar folhetos de promoção:** busque material nas lojas ao seu redor. Algumas delas costumam disponibilizar os preços *on-line*, o que facilita bastante.

Com os dados em mãos, precisaremos ter um sistema simples para analisar as categorias e os produtos, a fim de que sirvam de base para nossa precificação, isto é, como suporte para a tomada de decisão com outras informações.

Como aproveitar promoções e oportunidades dos fornecedores (que realmente serão benéficas à loja)

As ofertas e as promoções são um ponto primordial na cultura brasileira. Todos gostam de aproveitá-las da melhor forma possível. Entende-se que promoção é um desconto extremamente agressivo em relação ao preço regular.

Assim, as promoções são sempre bem-vindas e até ajudam a gerar fluxo na loja, o que faz o consumidor levar mais produtos. A questão é: como precificar promoções de maneira adequada, sem perder margem? Podemos pensar em diferentes estratégias, mas elas sempre devem ser apoiadas em dados, nunca em achismos.

Muitas lojas fazem suas ofertas via tabloide (impresso ou digital) e de forma virtual (ex: e-mail), enviando uma série de preços aos compradores. Empresas como a Shopping Brasil (maior instituto especializado em coletar preços em todo o País) costumam monitorar as ofertas dos produtos mais promocionados e elaborar relatórios para o varejo. Essa é uma boa maneira de ter referência de mercado para definir os preços das promoções.

Outra forma é fazer uma rápida visita aos concorrentes para observar os produtos mais ofertados - isto é, como dissemos acima, rastrear tabloides das lojas próximas.

Para promover produtos, não precisamos, necessariamente, apenas baixar preços, mas dar destaque explorando a comunicação, com tabloide, cartaz na frente da loja, demarcador de preços diferenciado ou um promotor dentro da loja.

Muitas indústrias estão utilizando promotores dentro do Mercado de Vizinhança para entender a receptividade de um produto, fazer experimentação ou "forçar" a venda de um item. Tudo o que possa chamar a atenção para um produto é uma ação promocional. Até utilizar a mesma estratégia do atacado (ex: na compra de três ou mais produtos, ganhe desconto de 10%) está se tornando comum no varejo. Lembrando que os produtos ofertados, normalmente, são aqueles que podem trazer tráfego para a loja, os que foram negociados num custo menor com o fabricante/distribuidor ou que podem combater com seus concorrentes, mostrando sua competitividade.

Outra sugestão seria fazer teste na sua loja para ver aqueles produtos que vendem mais ou que atraem mais consumidores quando são promocionados de forma mais intensa. Ao longo do tempo, você vai ganhando experiência naquilo que dá mais resultado.

De qualquer forma, é importante sempre ter promoções na loja, pois os clientes se sentem atraídos por elas.

> **Dica:**
> No início de cada mês, defina os produtos que farão parte de suas promoções e organize seu calendário de forma mais dinâmica e antecipada.

Como está o preço no Mercado de Vizinhança em comparação a outros canais

Os preços no Mercado de Vizinhança são um grande diferencial. Como o cliente vai comprar os produtos básicos de reposição para sua casa, a competição com os demais canais ocorre, principalmente, num leque menor de produtos.

A loja de vizinhança sempre se mostrou competitiva frente ao hiper e ao supermercado ao longo dos anos, como podemos verificar a seguir. Para se ter uma ideia, num estudo da GfK, em 2018, o cliente desembolsou, em uma cesta com 35 categorias (produtos de alto giro), o valor de R$ 239,21 no mercado de vizinhança, enquanto no hiper/supermercado o gasto médio foi de R$ 243,12.

Preço do produto

O Mercado de Vizinhança é um canal muito competitivo em preços, frente ao Hiper/Supermercado

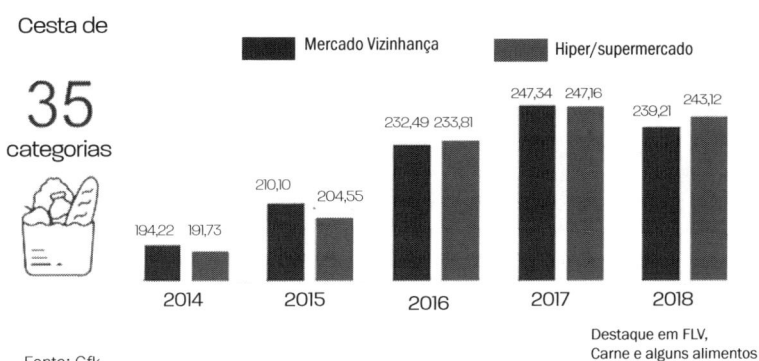

Cesta de **35 categorias**

Mercado Vizinhança / Hiper/supermercado

Ano	Mercado Vizinhança	Hiper/supermercado
2014	194,22	191,73
2015	210,10	204,55
2016	232,49	233,81
2017	247,34	247,16
2018	239,21	243,12

Fonte: Gfk
Preço Mercado de Vizinhança

Destaque em FLV, Carne e alguns alimentos

Em 2022, esse movimento continuou da mesma forma. Dados da Horus, de dezembro de 2022, confirmam que a diferença média de preço entre Mercado de Vizinhança e Super/Hiper é de 0,4%, ou seja, ainda é pequena.

Tabela 4 - **Diferença média de preço entre Mercado de Vizinhança e Super/Hiper**
Preço Médio Dez /22 (R$)   Média Geral: -0,4%

	Cerveja	Açúcar	Arroz	Tomate	Ovos	Frango(kg)	Sabonete(kg)	Sabão em Pó
Brasil	8,24	8,22	13,09	8,75	13,82	19,22	41,36	15,19
Até 4 ck	9,13	7,75	13,69	9,97	12,15	19,29	38,36	15,10
de 5+ck	8,25	8,20	13,11	8,84	13,89	19,29	41,57	16,00
Dif. canais	10,7%	-5,5%	4,4%	12,4%	-12,5%	0,0%	-7,7%	-6,5%

M. Viz x Super
Fonte: Horus, 2022

Observando algumas categorias específicas, vemos que em perecíveis, açougue e FLV (frutas, legumes e verduras), por exemplo, o Mercado de Vizinhança consegue oferecer preços ainda mais baratos que o supermercado. Uma das razões é que a loja de vizinhança tem fornecedores locais, o que reduz seu custo e se reflete num preço mais competitivo, diferente do que acontece nas grandes redes de varejo.

Em diversos estudos da GfK, percebemos que as categorias de bebidas são aquelas em que o supermercado consegue um diferencial mais competitivo de preço do que o Mercado de Vizinhança – provavelmente, resultado de sua força de negociação com os principais fornecedores.

> **Dica:**
> É importante avaliar constantemente os resultados das estratégias de precificação adotadas pela loja. É possível utilizar diferentes métricas para analisar o desempenho da loja e fazer ajustes nas estratégias de precificação.

Resumindo os aprendizados

✓ Monte o seu Fluxo de Caixa em detalhes e com as particularidades do negócio para saber se a loja dá lucro;

✓ Nunca confunda os gastos pessoais/familiares com os custos da loja. Procure definir o prö-labore que vai tirar da loja todos os meses;

✓ Determine preços médios agressivos para os produtos notáveis;

✓ Identifique as categorias que tenham margens diferenciadas e defina uma estratégia clara de precificação por produto ou categoria de produtos;

✓ Seja ousado! Faça promoções sem perder muita margem;

✓ Sempre acompanhe os preços dos seus concorrentes;

✓ Não deixe de procurar bibliografias ou especialistas em precificação, pois temos muito o que aprender nesse caminho.

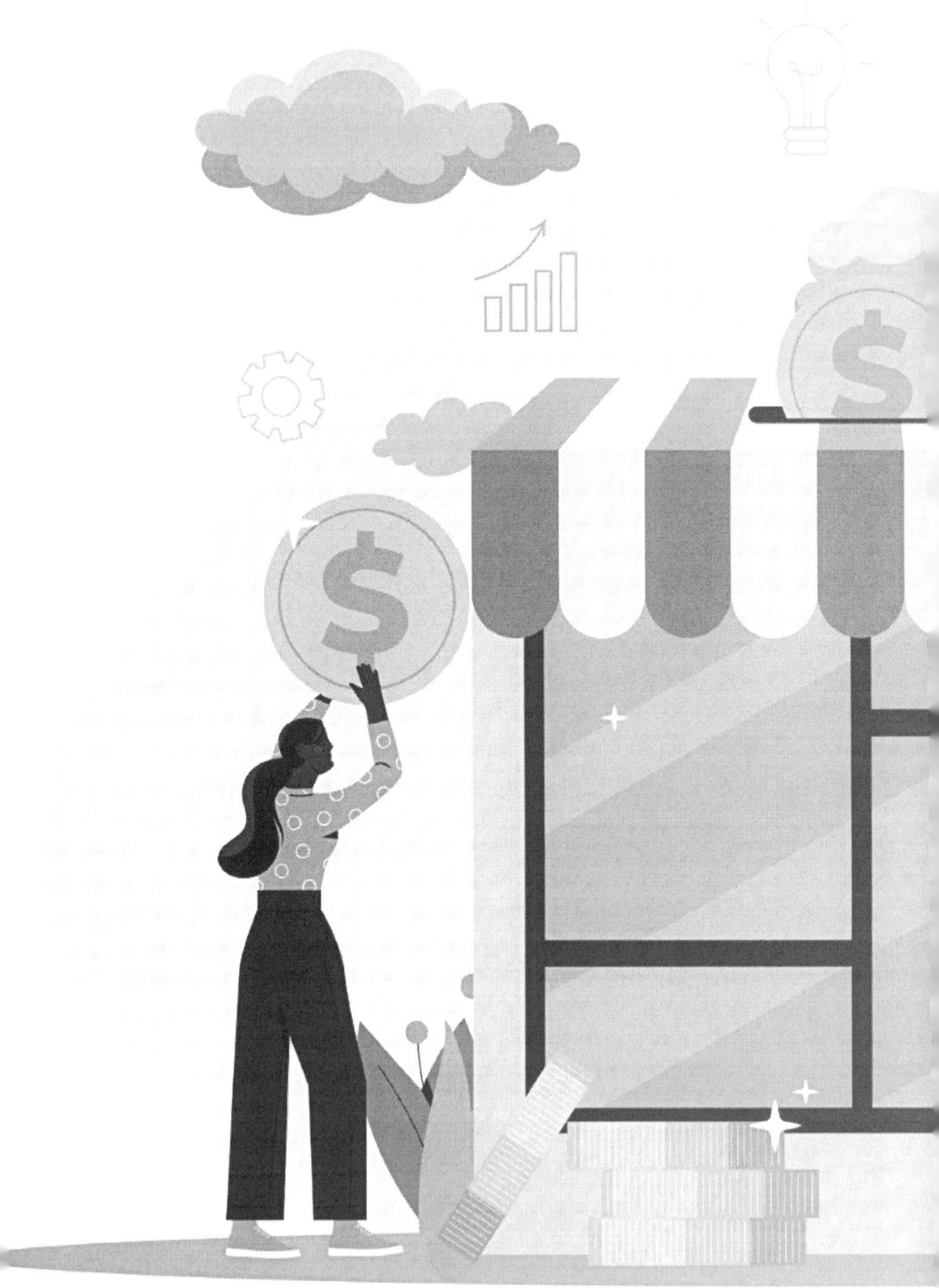

CAPÍTULO 4

GESTÃO DO ESTABELE-CIMENTO

Neste capítulo, poderíamos falar bastante sobre diferentes aspectos da gestão nas lojas; porém, nossa intenção inicial é compartilhar alguns conhecimentos que achamos mais relevantes sobre questões da gestão de loja estudadas ao longo dos anos.

São diferentes pontos de atenção, como aperfeiçoamento do capital humano (tanto do empreendedor como dos funcionários), relacionamento com colaboradores, ruptura, *e-commerce* e indicadores de gestão, com o objetivo de ajudar você, amigo varejista, a direcionar seu aprendizado para resultados mais rápidos.

Aperfeiçoando o conhecimento do gestor

Existe uma forte relação entre o nível de escolaridade de uma pessoa e sua renda bruta mensal. Isso ocorre porque o nível de escolaridade pode afetar diretamente a qualificação e as habilidades, influenciando a capacidade de obter empregos com melhor remuneração e mais oportunidades de crescimento profissional.

De modo geral, pessoas com níveis mais altos de escolaridade tendem a ter maior renda bruta mensal do que aquelas com níveis mais baixos de estudo. Dados do Instituto Brasileiro de Geografia e Estatística (IBGE) mostram que, em média, pessoas com Nível Superior completo, no Brasil, ganham mais do que aquelas com Nível Médio completo; e estas, por sua vez, ganham mais do que aqueles com Nível Fundamental completo.

O mesmo conceito pode ser observado no Mercado de Vizinhança. Um dos grandes aprendizados que tivemos ao longo do tempo é que o nível de escolaridade dos gestores está intimamente relacionado ao faturamento da loja. Quanto maior o nível de escolaridade, maior é a média de faturamento – até mesmo o espaço físico da loja é maior.

Os diversos estudos da GfK com gestores do varejo mostram claramente essa relação: a cada degrau do nível escolar, há um acréscimo de quase 10% no faturamento médio das lojas desses gestores. É um aumento bastante significativo!

ATENÇÃO:

Quanto maior o grau de escolaridade ou conhecimento do gestor da loja, cresce a probabilidade de seu faturamento ser maior também.

Mas não gostaria apenas de ficar numa situação de diploma escolar. De forma geral, o gestor ou gestora que procura aperfeiçoar seu conhecimento intelectual tem mais oportunidades de crescimento pessoal e profissional e, logo, de gerar renda. É preciso estar sempre atualizado sobre tendências do mercado, novas tecnologias, boas práticas de gestão e outros assuntos relevantes para os negócios.

Ao investir em cursos de especialização e pós-graduação ou em outras formas de aprendizado, os gestores podem adquirir novas habilidades e competências para ser aplicadas na empresa. Isso pode levar a uma maior eficiência operacional, aumento da produtividade, melhoria na qualidade dos produtos ou serviços oferecidos e, consequentemente, maior rentabilidade da loja.

Os gestores que buscam aperfeiçoamento do conhecimento intelectual podem ter uma visão mais ampla e estratégica dos negócios, procurar inovações, identificar oportunidades de mercado, desenvolver novos produtos e/ou serviços, identificar novas formas de pagamentos, controlar os estoques, diminuir rupturas, precificar melhor, aperfeiçoar o sortimento e criar estratégias mais eficazes de marketing e vendas.

É importante ressaltar, no entanto, que o sucesso nos negócios também depende de outras variáveis, como a habilidade de liderança, o trabalho em equipe, a capacidade de inovação e a qualidade do relacionamento com clientes e fornecedores.

Nesse contexto, é muito importante que o varejista disponibilize tempo para seu aprendizado de forma contínua. Atualmente, há diversas fontes de informações para melhorar as atividades que desenvolvemos, sendo que a tecnologia na palma da mão, o celular, pode ser um grande aliado no nosso aprendizado.

A seguir, descrevo algumas formas de aperfeiçoar conhecimentos e avançar na gestão de seus negócios:

• Bancos da escola: o primeiro e mais básico passo é ter um nível escolar maior, buscando aumentar a quantidade de diplomas. Em alguns casos, haverá necessidade de voltar aos "bancos da escola" para terminar o Fundamental, encerrar o ciclo do Ensino Médio, avançar para uma faculdade ou até se arriscar num curso de pós-graduação. Segundo dados da GfK, 20% dos gestores do Mercado de Vizinhança têm curso superior – o que já é um importante avanço;

• Educação continuada: aqueles que conseguiram concluir o curso superior podem complementar seu aprendizado fazendo pós-graduação, com foco em aprofundar os estudos em um determinado tema ou ramo de negócios, como finanças, marketing etc.;

• Cursos de aperfeiçoamento: muitas universidades, entidades e associações disponibilizam cursos rápidos sobre temas específicos de gestão que poderão ser um ponto de apoio no aperfeiçoamento;

• EaD (Educação a Distância): após a pandemia, surgiram muitas plataformas *on-line* que oferecem cursos com palestrantes renomados e aprendizados muito interessantes para a gestão do dia a dia de um estabelecimento;

• Mídia social: nos últimos anos, e com mais força a partir da pandemia, vimos um aumento de grupos em mídias sociais formados por profissionais com interesses em comum. Nesse caso, é preciso estar inserido nos grupos para trocar ideias e aprender com os demais varejistas;

- Consultoria: muitas empresas acham caro contratar uma consultoria, mas, hoje, há consultores especializados no Mercado de Vizinhança oferendo pequenas consultorias, como se fosse um atendimento personalizado para entender e atender necessidades pontuais;

- Sebrae (ou similares): outro recurso que atende muito o pequeno varejo é o Serviço Brasileiro de Apoio às Micro e Pequenas Empresas (Sebrae), com cursos, treinamentos e consultoria num valor acessível e bem prático para a gestão.

> **Dica:**
> Dedique uma parte do seu tempo para estudos e aperfeiçoamento profissional. É o maior investimento a longo prazo que se pode fazer!

Colaborador:
o capital fundamental para o crescimento da empresa

Um dos maiores desafios no negócio do varejo é, sem dúvida, atrair, reter e desenvolver pessoas. Diferente das grandes lojas ou redes varejistas, nos pequenos estabelecimentos, a questão do Recursos Humanos fica, em grande parte, na responsabilidade do principal gestor (dono/proprietário). Isso significa que ele precisa lidar sozinho com essas questões – a alta rotatividade de funcionários, pessoas com pouca experiência, problemas pessoais e familiares etc. Além disso, cada gestor tem uma forma específica de se relacionar com as pessoas e isso também afeta o relacionamento com os colaboradores.

No próximo volume desta coleção, vamos apontar os diferentes perfis de gestores e o que cada um deverá fazer para se aperfeiçoar no que diz respeito à gestão de equipe, isto é, vamos explorar um pouco mais a personalidade e o perfil de cada gestor para fazer recomendações mais adequadas.

Agora, vamos apenas focar em alguns pontos práticos para melhorar sua liderança.

O ensinamento de Juracy Parente (p.370[1]), professor da Fundação Getúlio Vargas (FGV) e um dos maiores especialistas no setor de varejo do Brasil, é bastante válido nesse sentido: "os líderes precisam ser catalisadores de mudanças. Eles assumem riscos e dão o exemplo da melhoria contínua sendo participantes ativos e visíveis das inovações na empresa".

No meu entendimento, no pequeno varejo, os gestores são como pais e mães numa família, pois acabam assumindo a responsabilidade de ser exemplos para seus filhos em diversas frentes. Porém, pais e mães também devem estar preparados para educar os filhos nos diversos desafios da sociedade, buscando conhecimento para ser melhores por meio de cursos, palestras, grupos de formação, terapias etc.

De forma análoga, isso acontece em nossos estabelecimentos. Na realidade, os desafios começam "dentro de casa", isto é, na maneira e no comportamento do gestor como ser humano, para que este possa desempenhar, da melhor forma possível, sua liderança dentro do estabelecimento.

De forma simplificada, os pontos mais relevantes na gestão das pessoas passam por: recrutamento, seleção, desenvolvimento dos colaboradores, remuneração e benefícios. Vamos entender melhor cada um desses aspectos.

---

1. PARENTE, Juracy. Varejo no Brasil. Cidade: Atlas, ano. p.370.

- **Recrutamento**: é a primeira etapa para escolher um candidato. É fundamental determinar as funções e os cargos a serem preenchidos, descrever o trabalho a ser realizado, definir as atitudes do candidato e a experiência ou os conhecimentos necessários para o futuro cargo;

- **Seleção**: escolher os candidatos que tenham perfil para a vaga. É necessário fazer uma primeira triagem para selecionar o curriculum das pessoas que se dizem aptas para o cargo. Num segundo momento, analisar os candidatos com maior profundidade, por meio de um teste presencial ou virtual. Numa terceira etapa, fazer a entrevista pessoal para conhecer melhor o candidato. A entrevista pode ser feita pelo futuro chefe;

- **Supervisão**: após a contratação, é muito importante fazer o acompanhamento e a supervisão das atividades do colaborador, por meio de um plano de ações tendo como base as responsabilidades do cargo, com definições claras de como será mensurada a performance do colaborador ao longo do tempo;

- **Desenvolvimento dos colaboradores**: aqui, entra a parte de treinamento do funcionário, com foco em desenvolvimento e crescimento profissional. A empresa precisa apoiá-lo com ferramentas, técnicas ou comportamentos para que possa desenvolver suas atividades da melhor forma possível. Os treinamentos são de responsabilidade do gestor direto – que, no pequeno varejo, é o próprio dono do estabelecimento. Existem muitas maneiras atuais que podem apoiar esse treinamento, como cursos virtuais ou presenciais, consultorias, centros de treinamento, associações etc.;

- **Remuneração e benefícios**: oferecer uma remuneração correta e justa é fundamental para gerar uma equipe motivada, engajada e comprometida com os objetivos da empresa. Em nosso País, por causa dos altos impostos trabalhistas, o salário final dos colaboradores do varejo acaba sendo um valor próximo ao salário mínimo. A maioria dos varejistas remunera num patamar baixo, incluindo, eventualmente, o pagamento de hora extra ou algum adicional por tipo de cargo. De qualquer forma, é possível dar benefícios (como vale-transporte, cesta básica, plano de saúde etc.) que não oneram tanto a folha de pagamento e podem ser um bom apoio aos colaboradores.

> **Dica:**
> Gaste tempo e conheça bem as pessoas antes de contratá-las como colaboradores. Essa atitude diminuirá muito suas futuras "dores de cabeça".

Para complementar, no caso da supervisão de um colaborador, gostaria de dar algumas dicas práticas e simples para que tenha sucesso:

1) **Estabeleça expectativas e metas claras:** é fundamental que o funcionário saiba quais são as expectativas em relação ao trabalho a ser realizado. Defina metas, objetivos e prazos claros e verifique se ele entendeu o que precisa ser feito. Em alguns momentos, faça ele repetir o que foi definido;

2) **Acompanhe o desempenho:** avalie o desempenho do colaborador, verificando se ele está cumprindo as metas e os objetivos estabelecidos. Isso pode ser feito por meio de relatórios de atividade ou outros mecanismos de acompanhamento;

3) **Forneça *feedback* (avaliação):** faça um bate-papo individual com seus funcionários, dando *feedback* regularmente, indicando o que estão fazendo bem e o que precisa melhorar (utilize os relatórios de desempenho). O *feedback* deve ser específico (em cima de atividades ou ações realizadas) e construtivo, visando ajudá-los a crescer profissionalmente. Comente tantos os pontos positivos como aqueles que seus colaboradores têm a desenvolver;

4) **Desenvolva um plano de ação:** após o *feedback*, caso o colaborador esteja enfrentando dificuldades em seu trabalho, desenvolva um plano de ação em conjunto com ele para identificar as causas do problema e buscar soluções. É bom ouvir o que os nossos colaboradores têm para dizer!

5) **Esteja disponível e seja acessível:** sempre esteja disponível para tirar dúvidas, ouvir sugestões e resolver problemas que possam surgir, mesmo que essas sugestões se refiram ao seu comportamento como gestor. O colaborador precisa se sentir à vontade para te procurar sempre que necessário;

6) **Reconheça o bom desempenho:** celebre o bom desempenho do funcionário por meio de elogios, bonificações ou outras formas de reconhecimento. Isso ajuda a manter a motivação e o engajamento da equipe e pode ser feito de forma individual ou pública, mas dependerá do tipo de atividade ou do perfil do funcionário;

7) **Comportamento do gestor:** é importante ser justo e imparcial ao supervisionar um colaborador ou funcionário. Trate todos da equipe de forma igual e evite favorecimentos ou preferências pessoais.

> **ATENÇÃO:**
> Você investe tempo com seus colaboradores no que diz respeito ao crescimento e desenvolvimento deles dentro da empresa?

Em relação a **remuneração e salários** do time, acredito que seja válido adotarmos algumas práticas para manter todos motivados e engajados:

a) **Conheça a média salarial do mercado:** é fundamental saber quanto os demais varejistas pagam como salário médio para as mesmas funções desempenhadas pelos seus colaboradores. Isso permite que a empresa oferte uma remuneração compatível e justa com o mercado e até possa oferecer algum diferencial;

b) **Considere habilidades e experiência:** a remuneração deve, também, levar em consideração as habilidades e a experiência do colaborador. Pessoas com mais habilidades e experiência devem receber um salário mais alto. Essa atitude é de respeito e valorização para com as pessoas!

c) **Considere o desempenho:** a remuneração também deve ser baseada no desempenho do funcionário, como vimos anteriormente. Aqueles que têm um desempenho melhor podem ser recompensados com salários ou benefícios diferenciados;

d) **Ofereça benefícios:** além do salário, a empresa pode oferecer benefícios, como plano de saúde, vale-refeição, vale-transporte e outros, que podem fazer diferença na vida do colaborador ou funcionário. No Brasil, existem regras que facilitam muito dar benefícios aos funcionários, sem onerar a folha final de pagamento;

e) **Tenha uma política transparente:** a política de remuneração da empresa deve ser transparente e conhecida por todos os colaboradores e funcionários. Isso ajuda a evitar descontentamento e desigualdades na equipe;

f) **Considere a inflação:** em nosso País, é relevante lembrar que a inflação pode afetar o poder de compra dos funcionários. Por isso, é importante considerar a inflação ao fazer ajustes salariais ou, no mínimo, acompanhar os reajustes estabelecidos pelas entidades trabalhistas.

Seguindo essas dicas, é possível estabelecer uma remuneração correta e justa dos colaboradores, contribuindo para o sucesso da empresa.

> **ATENÇÃO:**
> Remunere seus colaboradores de forma justa e transparente. Assim, eles se sentirão respeitados!

Controlando o abastecimento e a ruptura

Agora, vamos olhar para outros pontos de gestão, além do capital humano. Nos próximos volumes desta coleção, vamos nos deter com maior propriedade sobre o sistema de abastecimento das lojas e como fazer para diminuir o nível de ruptura. Neste momento, gostaria de destacar alguns pontos quando falamos desse aspecto tão relevante para o estabelecimento.

No meu entendimento, a ruptura pode ser compreendida a partir de três pontos de vista diferentes:

a) **Ruptura da indústria/do distribuidor:** produtos que não estão disponíveis nas lojas, mas que a indústria ou o distribuidor gostariam de expor no varejo;

b) **Ruptura do varejista:** após definir as categorias e os produtos relevantes para a loja, a ruptura ocorre quando o produto definido faltou na gôndola e não está disponível para venda;

c) **Ruptura na visão do consumidor:** quando o cliente está na loja procurando um determinado produto ou marca e não encontra.

Vamos focar na Ruptura do varejista, isto é, o produto que deveria estar na loja ou dentro de estoque (abastecimento), mas não está disponível para vender. A ruptura pode ser um grande problema, pois pode afetar a satisfação dos clientes e, consequentemente, as vendas.

> **ATENÇÃO:**
> Tenha um controle de abastecimento e ruptura de sua loja. Assim, não perderemos vendas ao consumidor!

Algumas dicas são úteis para evitar esse problema na loja de vizinhança:

- **Monitore o estoque regularmente:** acompanhe o estoque com frequência, para identificar rapidamente quando um produto estiver acabando ou se precisa ser reabastecido. Isso pode ser feito manualmente ou com o auxílio de um software de gestão de estoque. Atualmente, existem algumas ferramentas gratuitas ou baratas que podem ajudá-lo, como www.marketup.com.br ou www.contaazul.com.br;

- **Faça previsões de vendas**: utilize seu banco de dados, históricos, tendências sazonais, promoções futuras e outros fatores relevantes para ter ideia da quantidade de cada produto a ser mantida em estoque;

- **Estabeleça um estoque mínimo**: uma forma simples e fácil é definir uma quantidade mínima para cada produto e certificar-se de que ela seja mantida em estoque. Isso ajuda a evitar que um produto seja totalmente vendido antes de ser reabastecido e venha a faltar na gôndola;

- **Tenha um bom relacionamento com fornecedores**: como já mencionamos no capítulo 2, mantenha um bom relacionamento com seus fornecedores, para garantir que eles possam fornecer produtos a tempo e com qualidade. Alguns distribuidores já apoiam os varejistas nessas previsões e na diminuição de ruptura. Fale com eles!

- **Mantenha um plano de contingência**: tenha sempre um plano de contingência para lidar com a falta de produtos. Isso pode incluir a substituição do item por um similar ou de marca diferente. Outra possibilidade é ter um canal (como o atacarejo) onde você possa se abastecer para compras de emergência, quando vier a faltar produtos;

- **Realize inventários rotativos**: faça inventários rotativos com frequência, para identificar problemas de estoque e tomar medidas corretivas rapidamente ou mesmo rever o tamanho do estoque mínimo.

Com um trabalho constante e intenso, é possível diminuir as rupturas ou a falta de produtos na sua loja e, consequentemente, melhorar a experiência do cliente e aumentar as vendas.

Exemplos mais detalhados sobre esse tema podem ser encontrados no capítulo 8 do livro *Administração de Varejo*, do professor Fauze Najib Mattar (Ed. Gen Atlas).

Controlando perdas e quebras

Além da ruptura, outro problema a que devemos dar atenção na gestão é a quantidade de perdas e quebras de produtos em nosso estabelecimento.

Ao longo dos anos, percebemos que muitos varejistas do Mercado de Vizinhança não se preocupam em controlar perdas, quebras ou roubos dos produtos. Parece que esse tema, às vezes, é direcionado somente para as lojas de médio e grande porte, mas, na realidade, deveria ser uma preocupação de todo e qualquer varejista. É dinheiro jogado pelo "ralo"!

Então, se existe a chance de perder dinheiro, precisamos encontrar uma forma de controlar essa situação. Aqui, vão algumas sugestões e dicas práticas para ajudar a controlar perdas, quebras e roubos de produtos:

a) **Monitorar estoque:** anteriormente, falamos em controlar o estoque para diminuir a ruptura. Além disso, também é importante mensurar as perdas na loja. Para isso, é necessário ter um registro da quantidade de produtos que entram e saem do estoque, que pode ser feito com a ajuda de um sistema informatizado de gerenciamento de estoque ou através de planilhas;

b) **Identificar as causas e origens dos problemas:** precisamos identificar as causas das perdas e quebras de produtos para corrigir o problema. Às vezes, por exemplo, pode ser que um determinado produto esteja sendo mal armazenado ou que a equipe de vendas esteja manuseando os produtos com muita força e quebrando. Por outro lado, podemos ter muitos furtos de produtos pequenos na loja e não ter a devida segurança com câmeras;

c) **Capacitar a equipe:** a equipe que cuida do estoque e faz a reposição dos produtos deve ser treinada para manuseá-los com cuidado e armazená-los corretamente, além de ser orientada a observar a data de validade dos itens e a não vender mercadorias danificadas – estas podem ser devolvidas para o fabricante ou distribuidor;

d) **Monitorar os produtos mais vendidos e os mais caros:** seria adequado ter um monitoramento constante sobre os produtos mais vendidos e mais caros, pois eles são mais propensos a dar prejuízo;

e) **Estabelecer políticas de devolução:** é importante ter políticas claras de devolução de produtos danificados ou vencidos. A equipe de estoque deve ser treinada para identificá-los e separá-los e os clientes devem ser orientados a devolver itens com defeito. Alguns distribuidores/fabricantes já estabelecem em contrato as cláusulas para devolução de produtos quebrados ou não vendidos;

f) **Fazer inventários frequentes:** os conhecidos inventários frequentes ajudam a identificar possíveis problemas de perdas e quebras de produtos, permitindo corrigir essas falhas;

g) **Usar etiquetas de precificação e validade:** o uso de etiquetas de precificação e validade ajuda a identificar produtos próximos do vencimento ou que já passaram da validade, evitando a venda desses itens.

Apesar de ser um trabalho árduo, é possível controlar perdas, quebras e roubos de produtos em uma loja de supermercado e, consequentemente, aumentar a lucratividade do negócio.

E-commerce: expansão de vendas

Para encerrarmos os pontos relevantes na gestão, vamos falar um pouco sobre o que cada vez mais está ganhando corpo: vendas *on-line* ou *e-commerce*.

Logo que falamos em *e-commerce*, parece que é o tema "alienígena", isto é, de outro mundo. Mas, na realidade, ele está tão presente no nosso dia a dia que não podemos deixar de comentar esse tópico como um ponto de atenção para o varejista.

Às vezes, pensamos que, para ter um *e-commerce*, é necessário ter um site na internet para que os clientes possam comprar os produtos. Porém, as coisas podem ser mais simples e fáceis do que imaginamos, já que qualquer atividade feita numa plataforma digital junto ao consumidor, com o objetivo de vender produtos, é uma atividade de *e-commerce*.

Ter um relacionamento digital com o consumidor final pode ser uma ótima maneira de aumentar as vendas, pois permite que os clientes façam compras de maneira conveniente e fácil, além de ajudar a "empurrar" produtos.

Gostaria de dar algumas dicas para que você tenha um *e-commerce* eficaz:

a) **Escolha uma plataforma confiável**: se você decidiu ter uma loja na internet, existem diversas plataformas de *e-commerce* disponíveis no mercado. Portanto, escolha uma que atenda as necessidades do seu negócio, com recursos que facilitem a gestão de estoque, pedidos, pagamentos e entregas;

b) **Use recursos tecnológicos**: podemos fazer e-commerce de diferentes maneiras – via grupo de WhatsApp da loja, Instagram, Facebook, e-mail dos clientes, plataformas como o Ifood etc. Essas formas de comunicação com o cliente podem variar de loja para loja, mas já demonstraram sua eficácia;

c) **Mantenha um inventário atualizado:** sempre mantenha um inventário atualizado dos produtos que estão disponíveis na loja física e no *e-commerce*, para evitar a venda de produtos que não estejam mais em estoque;

d) **Ofereça promoções e descontos:** aproveite o *e-commerce* e ofereça promoções e descontos exclusivos para os clientes que compram por esse canal, incentivando-os a realizar mais compras;

e) **Tenha uma logística eficiente:** monte uma estrutura logística para garantir que os produtos sejam entregues no prazo estipulado e em bom estado. Certifique-se de que os clientes sejam informados sobre o status do pedido e que possam rastrear a entrega;

f) **Ofereça múltiplas opções de pagamento:** ofereça diversas opções de pagamento, como cartões de crédito, débito, boletos e pagamento *on-line*, para facilitar as compras;

g) **Invista em marketing digital:** o marketing digital é relevante para atrair mais clientes para o seu *e-commerce*. Use as redes sociais e outras ferramentas para divulgar promoções e descontos, além de investir em anúncios pagos para aumentar a visibilidade da loja virtual;

h) **Ofereça uma experiência de compra personalizada:** se sua ferramenta de *e-commerce* for robusta, ofereça uma experiência de compra personalizada, dando sugestões de produtos com base no histórico de compras dos clientes.

Com essas dicas, é possível incrementar as vendas da loja, atrair mais clientes e melhorar o relacionamento com o consumidor. No entanto, é importante lembrar que a gestão do comércio *on-line* requer dedicação e esforço. Portanto, esteja preparado para investir tempo e recursos para tornar seu *e-commerce* um sucesso.

Outros indicadores de gestão

Dentro da gestão no varejo, existem vários indicadores tradicionais que servem para controlar a performance dos negócios. Para ajudá-lo nessa tarefa, apresentamos indicadores essenciais para embasar as ações da loja:

- **Faturamento por funcionário:** excluindo o próprio dono, podemos obter o faturamento médio anual por colaborador. Apenas como exemplo, utilizando as diversas pesquisas da GfK, provavelmente até 2022, os valores médios com inflação devem estar chegando perto de R$ 300 mil por funcionário/ano. Esse indicador pode servir para medir a eficiência e o momento de ajustar o time interno;

- **Faturamento por metro quadrado:** basta dividir o faturamento anual da loja pela quantidade de metros quadrados da área comercial para chegar a esse indicador. Isso ajudará a entender a possiblidade de aumentar ou não a quantidade de produtos oferecidos. Como exemplo, nos estudos na GfK, em 2022, chegamos a valores entre R$ 8 mil e R$ 10 mil, dependendo da região geográfica e do tamanho da loja;

- **Tíquete médio:** é muito importante saber o valor médio dos tíquetes comprados pelos consumidores. Para isso, é preciso dividir o faturamento mensal pela quantidade de pessoas que vieram à loja. Pela emissão de Nota Fiscal Eletrônica (NFe) ou cupom fiscal, é possível saber quantas pessoas passaram no *checkout* e, assim, identificar os valores pagos (média) ao longo do tempo. É um grande indicador para saber se os clientes estão comprando mais (centralizando suas compras na loja) ou não (diversificando em outros canais). Em abril de 2022, por exemplo, o tíquete médio do Mercado de Vizinhança foi de R$ 42,11 em todo o País, enquanto o supermercado registrou R$ 76,56 por mês, segundo dados da Horus.

Evolutivo Tíquete Médio

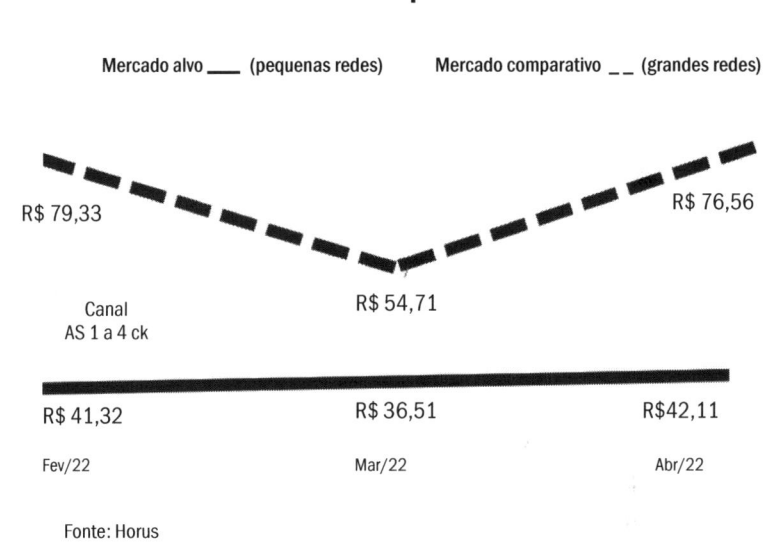

Mercado alvo ▬▬ (pequenas redes)   Mercado comparativo _ _ (grandes redes)

R$ 79,33   R$ 76,56

Canal   R$ 54,71
AS 1 a 4 ck

R$ 41,32   R$ 36,51   R$ 42,11

Fev/22   Mar/22   Abr/22

Fonte: Horus

Com esse tema, finalizamos este primeiro volume da Coleção Mercado de Vizinhança. Espero que você possa aproveitar as informações e orientações aqui compartilhadas para seguir sua jornada no varejo com sucesso.

Resumindo os aprendizados

- ✓ Nunca pare de estudar. Como gestor do varejo, é fundamental sempre buscar melhorar a escolaridade e/ou os conhecimentos que ajudem a crescer os negócios;

- ✓ Invista tempo para recrutar, treinar e acompanhar o desempenho de seus colaboradores. Respeite todos!

- ✓ Ofereça um salário justo aos funcionários, além de benefícios que possam mantê-los motivados;

- ✓ A ruptura pode ser um grande problema para a loja. Por isso, adote medidas para reduzir a falta de produtos e melhorar a experiência do cliente;

- ✓ Crie indicadores para medir e tomar ações corretivas, a fim de diminuir os prejuízos com perdas, quebras e roubos;

- ✓ Use diferentes plataformas de *e-commerce* para vender seus produtos ou faça parcerias com empresas que já têm essas plataformas;

- ✓ Tenha poucos e bons indicadores de gestão para acompanhar a performance de sua loja.

Referências

ABASTECE BEM. Disponível em: http://www.abastecebem.com.br. Acesso em: 03 fev. 2023.

ASSOCIAÇÃO BRASILEIRA DE ATACADISTAS E DISTRIBUIDORES (ABAD). Abad premia os melhores atacadistas e distribuidores. 10 ago. 2021. Disponível em: http://bit.ly/3yVgjFb. Acesso em: 03 fev. 2023.

ASSOCIAÇÃO BRASILEIRA DE SUPERMERCADOS (ABRAS). Líderes de vendas. 2022. Disponível em: http://www.abras.com.br. Acesso em: 20 fev. 2023.

ASSOCIAÇÃO BRASILEIRA DOS ATACAREJOS. Revista Abaas, n.15, p.39, out./nov. 2022. Disponível em: https://abaas.com.br/revista-15. Acesso em: 20 fev. 2023.

ASSOCIAÇÃO COMERCIAL SÃO PAULO (ACSP). 5 dicas para comprar bem! Aprenda a negociar com fornecedores. Disponível em: http://bit.ly/3n7VuDS. Acesso em: 22 fev. 2023.

BALASSIANO, Marcel. Década cada vez mais perdida na economia brasileira e comparações internacionais. 02 jul. 2020. Disponível em: https://bit.ly/3FHNuQi. Acesso em: 20 jan. 2023.

BRUNO, Adriana. Atrativa, seção bazar ganha espaço nos supermercados. 06 ago. 2018. Disponível em: https://newtrade.com.br/varejo/lucrativa-secao-bazar-ganha-espaco-nos-supermercados. Acesso em: 20 fev. 2023.

CAVALLINI, Marta. Consumo das famílias volta a crescer após 2 anos e puxa recuperação da economia em 2017. 01 mar. 2018. Disponível em: http://bit.ly/3FHr025. Acesso em: 20 jan. 2023.

COMPRE AGORA. Disponível em: https://www.compra-agora. com. Acesso em: 03 fev. 2023.

EMPRESÔMETRO. Disponível em: https://www.digital.empresometro.com.br. Acesso em: 10 fev. 2023.

GROWTH FROM KNOWLEDGE (GFK). Estudo Mercado de Vizinhança. 2019.

GROWTH FROM KNOWLEDGE (GFK). Estudo Mercado de Vizinhança. 2021.

MATTAR, Fauze Najib. Administração de Varejo. Ed. Gen Atlas.

LONGENECKER, Justin G.; MOORE, Carlos W.; PETTY, J. Willian. Administração de pequenas empresas. Cidade: São Paulo. Makron Books, 1998.

MERLIN, Fátima. Shoppercracia. Cidade: Cotia-SP. Poligrafia Editora, 2017. p.45.

MORITA, Alessandra. Pequeno varejo está mais forte. 16 jul. 2021. Disponível em: https://www.savarejo.com.br/detalhe/reportagens/pequeno-varejo-esta-mais-forte. Acesso em: 03 fev. 2023.

MORITA, Alessandra. Três grandes fornecedores e suas novas estratégias para atender pequenos e médios. 16 jul. 2021. Disponível em: http://bit.ly/3JwR3tL. Acesso em: 03 fev. 2023.

NUNES FILHO, Roberto. Por dentro dos pequenos supermercados. SuperHiper, n.528, p.28-33, ago. 2020.

NUNES FILHO, Roberto. Um mergulho no universo dos pequenos supermercados. SuperHiper, n.516, p.30-36, jul.2019.

OLIVEIRA, Leandro de. Gestão de Precificação: Precificação & Rentabilidade. Cotia - SP: Poligrafia Editora, 2021.

PARENTE, Juracy. Varejo no Brasil: gestão e estratégia. São Paulo: Atlas, 2000.

RANKING ABAD/NIELSEN IQ 2022. Revista Distribuição, n.331, p.32, abr./mai. 2022.

SALLES, Fernando. Em crescimento, seção de produtos de limpeza passa por transformação. 11 set. 2020. Disponível em: http://bit.ly/3n3BZMB. Acesso em: 20 fev. 2023.

SEBRAE-SP. 7 estratégias para negociar melhor com seus fornecedores. 22 jul. 2022. Disponível em: https://sebraeseunegocio.com.br/artigo/negociar-com-fornecedores. Acesso em: 22 fev. 2023.

SERVIÇO BRASILEIRO DE APOIO ÀS MICRO E PEQUENAS EMPRESAS (SEBRAE). Estudo Setorial Minimercados. Série Estudos Mercadológicos. 2014. Disponível em: https://bit.ly/3TzHmiJ. Acesso em: 20 fev. 2023.

STEIN, Caroline. 5 dicas para gestão de produtos perecíveis. 03 fev. 2022. Disponível em: https://www.paripassu.com.br/blog/gestao-de-produtos-pereciveis. Acesso em: 20 fev. 2023.

Série
Mercado de Vizinhança

Volume 1
Como fazer a gestão da minha loja

Volume 2
Pessoas: Entendendo o perfil e aprimorando a relação entre gestor, colaborador e cliente (shopper)

Volume 3
Novos horizontes e desafios: tecnológicos, tributários etc.

Este livro utiliza as fontes Paralucent nos títulos e FranklinGothic URW C no texto. Ele foi impresso em abril de 2023, em São Paulo.